Suisse Allemand Pour
Les Débutants

Sommaire

Introduction

Ce livre est un bon outil pour les débutants qui souhaitent acquérir les compétences nécessaires à une communication efficace. L'accent mis sur l'utilisation pratique de la langue et l'application dans le monde réel offre une expérience d'apprentissage structurée et soutenue qui aide les débutants à progresser dans la langue.

L'aisance plutôt que la perfection

Ce livre vous aide à apprendre la langue rapidement et efficacement. Il se concentre sur le vocabulaire et vous aide à vous débrouiller dans une grande variété de situations. Il part du principe qu'il faut apprendre les mots que l'on utilise quotidiennement pour s'exprimer librement, naturellement et avec assurance.

Une approche structurée pour un apprentissage facile

Ce livre est bien structuré et divisé en thèmes faciles à gérer, ce qui vous permet de vous familiariser avec tous les aspects importants de l'utilisation du vocabulaire quotidien.

Concentration sur l'utilisation la plus fréquente

L'apprentissage des langues est plus efficace lorsqu'il est basé sur des situations réelles. Ce livre présente une variété de situations quotidiennes qui vous aideront à utiliser la langue dans des situations réelles. Vous explorerez des sujets courants tels que la famille, l'éducation, les interactions sociales, les voyages, les tâches quotidiennes et bien plus encore afin d'obtenir une compréhension réaliste de la manière dont la langue est utilisée dans la vie de tous les jours.

Une mise en page conviviale et des niveaux de difficulté progressifs

La mise en page conviviale du livre et son niveau de difficulté progressif le rendent accessible aux débutants de tous niveaux. La présentation claire des informations et l'enchaînement progressif des thèmes assurent un processus d'apprentissage fluide et agréable.

101 chapitres

Le livre est divisé en 101 chapitres, ce qui vous permet d'assimiler la matière en 101 jours. Vous restez ainsi motivé et sur la bonne voie d'apprentissage.

1. Se présenter

Wie heißisch du?

Quel est votre nom ?

Min Name isch Markus.

Je m'appelle Markus.

Wo chunsch du här?

D'où venez-vous ?

Ich chume us Dütschland.

Je suis originaire d'Allemagne.

Wo wohnsch du?

Où habitez-vous ?

Ich wohn in Berlin, an dr Orchardstrass 17.

J'habite à Berlin, au 17 de la rue Orchard.

Was isch din Beruf?

Quelle est votre profession ?

Ich schaffe als Lehrer.

Je travaille comme enseignant.

Wie alt bisch du?

Quel âge avez-vous ?

Ich bin 25 Jahr alt.

J'ai 25 ans.

Welchi Sprache sprichsch?

Quelles langues parlez-vous ?

Ich schwätz Französisch und Spanisch.

Je parle français et espagnol.

In miner Freizit schwümme ich gärn und spiele Klavier.

Pendant mon temps libre, j'aime nager et jouer du piano.

Mis Liiblingsesse isch Pizza.

Mon plat préféré est la pizza.

Ich ha en Brüeder und es Schwöschter.

J'ai un frère et une sœur.

2. En cours de langue

Chasch das widerhole?

Pouvez-vous répéter cela ?

Chasch bitte lauter rede?

Pourriez-vous parler plus fort ?

Chasch bitte langsamer rede?

Pouvez-vous parler plus lentement ?

Ich verstoh das nöd. Chasch das no einisch erkläre?

Je ne comprends pas. Pouvez-vous m'expliquer à nouveau ?

Was heisst das Wort?

Que signifie ce mot ?

Wie sprichsch das Wort us?

Comment prononcez-vous ce mot ?

Chasch das Wort ufschriebe?

Pouvez-vous écrire ce mot ?

Was isch dr Unterschied zwüsche die zwei Wörter?

Quelle est la différence entre ces deux mots ?

Chasch mir es Bispilsetz mit dem Wort geh?

Pouvez-vous me donner un exemple de phrase avec ce mot ?

Isch das grammatikalisch richtig?

Est-il grammaticalement correct ?

Ich denk, er redet mit em südliche Akzent.

Je pense qu'il parle avec un accent du sud.

Gits für d' nächschti Lektion Hausufgabe?

Y aura-t-il des devoirs à faire pour le prochain cours ?

Lah üs das no einisch lose.

Réécoutons-le.

Mit wellem Buech schaffe mer?

Avec quel livre allons-nous travailler ?

Wänn isch d' nächschti Prüefig?

Quand aura lieu le prochain examen ?

3. Parler de grammaire

Es "Chatz" isch e Substantiv.

Un "chat" est un nom.

Es Verb "go" beschriibt Bewegig.

Le verbe "aller" décrit le mouvement.

Das Adjektiv "schnell" zeigt d'Gschwindigkeit vom Prozess ah.

L'adjectif "rapide" indique la rapidité du processus.

Es Punkt wird am End vom Satz brucht.

Un point est utilisé à la fin d'une phrase.

Es Komma trennt Element inere Liste.

Une virgule sépare les éléments d'une liste.

Es Fragezeiche zeigt d'Endi vo ere Froog.

Un point d'interrogation indique la fin d'une question.

Es Ausrufezeiche betont.

Un point d'exclamation indique une emphase.

Aagüfetsiche ziige direkte Red.

Les guillemets indiquent le discours direct.

Es Apostroph wird bim Kürze vo Wörter brucht.

L'apostrophe est utilisée dans les contractions.

E Bindestrich trennt zämegsetzti Wörter.

Le trait d'union sépare les mots composés.

Dreipung zeigt d'Wiiterführig vome Gedanke.

L'ellipse indique la poursuite d'une pensée.

Es Schrägstrich zeigt e Wahl zwüsche zwei Wörter.

La barre oblique indique un choix entre deux mots.

Eckigklammer umschliesst zusätzlichi Informatioone.

Les parenthèses contiennent des informations complémentaires.

Uff Spanisch müend alli Verbe konjugiert werde.

En espagnol, tous les verbes doivent être fléchis.

Uff Dütsch muesch das Wort mit syyem Artikel uswendig lerne.

En allemand, vous devez mémoriser le mot avec son article.

4. Expressions courantes

Wi goots?

Comment allez-vous ?

Merci.

Nous vous remercions.

Gärn gscheh.

Vous êtes les bienvenus.

Exgüse.

Excusez-moi.

Es tuet mir leid.

Je suis désolée.

Freut mi, dich kenne z'lerne.

Enchanté de vous rencontrer.

Bis gli.

A plus tard.

Uf Wiederluege.

Au revoir.

Bitte.

S'il vous plaît.

Ich lieb di.

Je t'aime.

Alles klar.

Ce n'est pas grave.

Was isch los?

Que se passe-t-il ?

Kai Problem.

Il n'y a pas de problème.

Mach der kei Sorge.

Ne vous inquiétez pas.

Hesch e schöne Tag!

Bonne journée !

5. Questions courantes

Was isch dis Liiblingslied?

Quelle est votre chanson préférée ?

Warum dänksch so?

Pourquoi pensez-vous cela ?

Woher chunt de Zug?

D'où vient ce train ?

Wo isch mi Buch?

Où est mon livre ?

Wohi gosch?

Où allez-vous ?

Wänn isch d' nächschti Lektion?

Quand aura lieu le prochain cours ?

Wer het di gestern abig aagleit?

Qui vous a appelé hier soir ?

Welches isch s'beschte Natel?

Quel est le meilleur téléphone ?

Mit wem bisch de gestern abig is Konzert gange?

Avec qui êtes-vous allé au concert hier soir ?

Wie chan ich dir helfe?

Comment puis-je vous aider ?

Wie viel kostet das?

Combien cela coûte-t-il ?

Wie oft bisch scho in Mailand gsi?

Combien de fois êtes-vous allé à Milan ?

Wie oft gosch ins Fitnessstudio?

Combien de fois allez-vous à la salle de sport ?

Hesch Zyt am Samstig?

Avez-vous du temps samedi ?

Geht's dir guet?

Vous allez bien ?

6. Jours de la semaine

Am Mändigmorge hend mer e Management-Sitzig.

Le lundi matin, nous avons une réunion de direction.

Am Dienstag han ich e Date mit mim Fründ.

Mardi, j'ai un rendez-vous avec mon petit ami.

Am MIttwochmorge bin ich is Supermärt gloffe.

Mercredi matin, je suis allée au supermarché.

Am Donnerstignomittag bin ich ins Schwimmbad gang.

Jeudi après-midi, je suis allée à la piscine.

Am Friitigobe bin ich ins Kino gang.

Vendredi soir, je suis allée au cinéma.

Am Samschtigarbeti ich inere lokale Chuchi.

Le samedi, je travaille dans un café local.

Am Sunntig plani ich, is Park z'goh.

Dimanche, j'ai prévu d'aller au parc.

I mues unter d'Wuche schaffe.

Je dois travailler en semaine.

Am Wuchenänd entspanni ich mich und verbring Zyt mit minere Familie.

Le week-end, je me détends et je passe du temps avec ma famille.

Vom Mändig bis zum Donnerstag bin ich uf Autofahrt in Chicago.

Du lundi au jeudi, je serai à Chicago pour des voyages en voiture.

Ich muess das Ufgab bis am Friitig abschliesse.

Je dois terminer ce travail pour vendredi.

Am Mittwochnamitag gang ich is Sprochekurs.

Le mercredi après-midi, je vais au cours de langue.

I mag d'Mändig nöd so gern. I bevorzug d'Friitig.

Je n'aime pas les lundis. Je préfère les vendredis.

Ich schlaf gern guet am Wuchenänd.

J'aime bien dormir le week-end.

Ich ha e sehr bschäftigte Wuche gha.

J'ai eu une semaine très chargée.

7. Mois de l'année

I bin im Januar im Alpe skifahre.

J'ai fait du ski dans les Alpes en janvier.

Im Februar han ich en neue Computer kauft.

En février, j'ai acheté un nouvel ordinateur.

Im März han ich min Bachelorarbeit verteidigt.

En mars, j'ai soutenu mon mémoire de licence.

Im April han ich es neus Job agfange.

En avril, j'ai obtenu un nouvel emploi.

Im Mai bin ich elei dur Frankriich gäreist.

En mai, j'ai fait un voyage en solitaire à travers la France.

Im Juni han ich gheiratet.

En juin, je me suis mariée.

Im Juli het's e riese Hitzewelle geh.

Le mois de juillet a été marqué par une énorme vague de chaleur.

Im August bin ich mit mine Fründe nach Spanie gange.

En août, je suis allée en Espagne avec mes amis.

Im September het s'neue Schueljahr afgfange.

En septembre, la nouvelle année scolaire a commencé.

Im Oktober hend d'Temperature afaue sinka.

En octobre, les températures ont commencé à baisser.

Im November sind d'Blätter abgfalle.

En novembre, les feuilles sont tombées.

Im Dezember hend mer Wiehnachte gfiiret.

En décembre, nous avons célébré Noël.

Das sind beschäftigti Mönet gsi für mich.

Ces mois ont été très chargés pour moi.

Ich plani, im nächschte Mönet mini Eltere z'besueche.

Je prévois de rendre visite à mes parents le mois prochain.

Es isch e guets Jahr gsi.

Ce fut une bonne année.

8. Saisons et expressions météorologiques

Blüemli blüehe im Früehlig.

Les fleurs s'épanouissent au printemps.

Im Summer schiint d'Sunne hell.

En été, le soleil brille de mille feux.

Im Herbscht verändered sich d'Blätterfarbe.

En automne, les feuilles changent de couleur,

Im Winter schneit's.

En hiver, il neige.

Es het de ganza Nomitag gregnet.

Il a plu tout l'après-midi.

Hüt isch dr Himmel mit Wulche bedeckt.

Aujourd'hui, le ciel est couvert de nuages.

Es isch windig use.

Il y a du vent dehors.

Es het Nebel gä wenn mer gfahre sind.

Il y avait du brouillard lorsque nous roulions.

Mir wohned inere mildi Klimazona.

Nous vivons dans un climat doux.

Geschter het's e Sturm geh.

Il y a eu un orage hier.

Es sind 30 Grad Celsius.

Il fait 30 degrés Celsius.

Es isch hie heiss. Ich muess d'Klimaanlagi ilosse.

Il fait chaud ici. Je dois mettre l'air conditionné.

Es isch warm use.

Il fait chaud dehors.

Es isch chalt use.

Il fait froid dehors.

Das Wätter isch wirklich schön.

Le temps est très agréable.

9. Couleurs

Die Chatz isch schwarz.

Le chat est noir.

Dä Tisch isch braun gsi.

Le bureau était brun.

Die Wulche sind grau gsi.

Les nuages sont gris.

Mini Nachtrobe isch lila.

Ma chemise de nuit est violette.

Der Himmel isch blau.

Le ciel est bleu.

Die Röse sind rot gsi.

Les roses étaient rouges.

Ihr Lippestift isch rosa gsi.

Son rouge à lèvres était rose.

Das Notizbuech isch grün gsi.

Le cahier était vert.

Die Orange isch oranje.

L'orange est orange.

Die Sunne isch gelb.

Le soleil est jaune.

Die Wand isch wiss.

Le mur est blanc.

Das Glas isch durchsichtig.

Le verre est transparent.

Ich bevorzug liecht Farbe.

Je préfère les couleurs claires.

Es isch düster use gsy.

Il faisait nuit dehors.

Das Bild isch bunt gsi.

L'image était colorée.

10. Adjectifs importants

Der Elephant isch gross und d'Maus isch chli.

L'éléphant est grand et la souris est petite.

D'Wätter isch heiss im Summer und chalt im Winter.

Le climat est chaud en été et froid en hiver.

Der Hund cha schnell laufe, aber d'Schildchrot bewegt sich seh langsam.

Le chien peut courir vite, mais la tortue se déplace très lentement.

Im Winter sind d'Temperature tief gsi, aber im Summer sind sie hoch.

En hiver, les températures sont basses, mais en été, elles sont élevées.

Der Fluss isch lang, aber d'Bach isch churz.

La rivière est longue, mais le ruisseau est court.

D'Uhr isch alt, aber s'Smartphone isch neu.

Cette horloge est ancienne, mais le téléphone intelligent est récent.

Sie isch jung, aber ihri Grossmuetter isch alt.

Elle est jeune, mais sa grand-mère est âgée.

Superman isch stark, aber ich bin schwach.

Superman est fort, mais je suis faible.

Er isch reich, aber er lebt, als ob er arm wär.

Il est riche, mais il vit comme s'il était pauvre.

Das Glas isch voll, aber die Tasse isch leer.

Le verre est plein, mais la coupe est vide.

Die Strass isch breit, aber d'Strassewäg isch schmal.

La route est large, mais la chaussée est étroite.

Es Blatt isch leicht, aber es Stei isch schwär.

Un papier est léger, mais une pierre est lourde.

Der Diamant isch hart, aber ds Chisseleder isch weich.

Le diamant est dur, mais l'oreiller est doux.

Nachem Räge isch d'Luft sauber, aber d'Strasse sind schmutzig.

Après la pluie, l'air est pur, mais les rues sont sales.

Das Konzert isch lärmig gsi, aber d'Bibliothek isch ruhig.

Le concert était bruyant, mais la bibliothèque est calme.

11. Verbes importants

Ich freu mich, do z'si.

Je suis heureux d'être ici.

Sie het en schöni Gärt.

Elle a un beau jardin.

Ich mag's, mit ihr z'rede.

J'aime lui parler.

Er het gseit, er würd an d'Party cho.

Il a dit qu'il viendrait à la fête.

Ich muess e bitzli iinkaufe im Lade.

Je dois aller faire des courses au magasin.

Lah üs es Rundi go spaziere.

Allons nous promener.

Ich gang hüt Abe mit mine Fründe use.

Je sors avec mes amis ce soir.

Chum um 15:00 Uhr zum Meeting.

Venez à la réunion à 15 heures.

Lueg uf de Schirm!

Regardez l'écran !

Ich wett Gitarre spiele lehre.

Je veux apprendre à jouer de la guitare.

Ich muess d'Sübung fertig mache.

Je dois terminer cet exercice.

Ich muess di Froog beantwort finde.

Je dois trouver la réponse à cette question.

Sagsch mer dini Plä fürs Wucheänd.

Faites-moi part de vos projets pour le week-end.

Frag din Lehrer, wänn du im Unklare bisch.

En cas de doute, demandez à votre professeur.

Ich muess hüt a mim Projekt schaffe.

Je dois travailler sur mon projet aujourd'hui.

12. Chiffres 0-10

Null plus eins isch eins.

Zéro plus un égale un.

Es sind zwei Vögel uf em Zaun.

Il y a deux oiseaux sur la clôture.

Ich ha über's Wucheend drei Büecher gläse.

J'ai lu trois livres pendant le week-end.

Ich ha vier röti Ballone für d'Party.

J'ai quatre ballons rouges pour la fête.

Ich ha füfi Blueme im Gärtli pflanzt.

J'ai planté cinq fleurs dans le jardin.

Es sind sächs Schüler im Klassenzimmer.

La classe compte six élèves.

Es sind sibe Täg in ere Wuche.

La semaine compte sept jours.

Ich cha achti Schmetterling im Gärtli gseh.

Je vois huit papillons dans le jardin.

Nüni Chätz spiele im Gärtli.

Neuf chats jouent dans le jardin.

Ich ha zäh Stern am Nachthimmel zellt.

J'ai compté dix étoiles dans le ciel nocturne.

Zäh minus drei isch sibe.

Dix moins trois font sept.

Zwei mal drei isch sächs.

Deux multiplié par trois donne six.

Nüni dur drey isch drei.

Neuf divisé par trois donne trois.

Zwei uf d'Zwoot isch vier.

Deux à la puissance deux, c'est quatre.

D'Quadratwurzel vo vier isch zwei.

La racine carrée de quatre est deux.

13. Numéro 11-20

Es sind elf Bleistift in mim Bleistiftchäschtli gsi.

Il y avait onze crayons dans ma boîte à crayons.

Ich ha elf Murmle in mim Sammlig gha.

J'avais onze billes dans ma collection.

Es sind zwölf Mönet in ere Jahr.

L'année compte douze mois.

Es sind zwölf buntn Ballone an dr Geburifest gsi.

Il y avait douze ballons colorés à la fête d'anniversaire.

Ich ha sächszi Orangen im Supermärt kauft.

J'ai acheté treize oranges au supermarché.

Es sind vierzäh buntn Ballone anere Party.

Il y a quatorze ballons de couleur lors d'une fête.

Dr Sportler het dr Renn in vierzäh Minute abgschlosse und es neus Rekord ufgstellt.

L'athlète a terminé la course en quatorze minutes, établissant ainsi un nouveau record.

Ich cha füfzäh Stern am Nachthimmel zelle.

Je peux compter quinze étoiles dans le ciel nocturne.

Es sind sächszäh Schüler im Schulbus.

Il y a seize élèves dans le bus scolaire.

Ich ha sibezäh Sticker in mim Notizbuech.

J'ai dix-sept autocollants sur mon carnet.

Es sind achtzäh Cupcakes ufem Dessert-Tisch.

Il y a dix-huit petits gâteaux sur la table des desserts.

Das Buch het achtzäh Kapitel gha, jedes voller Spannig und Intrige.

Le livre comporte dix-huit chapitres, tous remplis de suspense et d'intrigues.

Ich ha nüenzäh Äpfel vom Baim pflückt.

J'ai cueilli dix-neuf pommes sur l'arbre.

Ich ha zwänzg Süssigkeite im Lade kauft.

J'ai acheté vingt bonbons au magasin.

Es gemütlichs Café het zwänzg Tisch gha.

Le café confortable compte vingt tables.

14. Numéros 20 à 90

Ich ha einundzwänzg Blystift in mim Chäschtli.

J'ai vingt et un crayons dans ma boîte.

Es sind zweiundzwänzg buntn Ballone an dr Party.

Il y a vingt-deux ballons colorés à la fête.

Ich ha dreiundzwänzg Lieblingslieder in mim Playlist.

J'ai vingt-trois chansons préférées dans ma liste de lecture.

Ich ha viereundzwänzg Muschle am Strand gfunde.

J'ai trouvé vingt-quatre coquillages sur la plage.

Ich ha füfzg Sticker in mim Sammlig.

J'ai vingt-cinq autocollants dans ma collection.

Ich ha es Buch mit sechsundzwänzg Kapitel gläse.

J'ai lu un livre de vingt-six chapitres.

Es sind siebenundzwänzg Schüler in mim Klass.

Ma classe compte vingt-sept élèves.

Ich ha achtundzwänzg Guezli für de Bazar gmacht.

J'ai préparé vingt-huit biscuits pour la vente de pâtisseries.

Ich ha gestern sibzg Sita vo dem Buch gläse.

J'ai lu trente pages de ce livre hier.

Es sind vierzg Stuul im Konferänzraum.

Il y a quarante chaises dans la salle de conférence.

Ich ha füfzg Guezli für d'Party kauft.

J'ai acheté cinquante biscuits pour la fête.

Sächzg Minute mached e Stund.

Soixante minutes font une heure.

Es sind sibezg Auto im Parkplatz.

Il y a soixante-dix voitures dans le parking.

Ich ha achtzg Puzzleteil zum vollende.

J'ai quatre-vingts pièces de puzzle à compléter.

Die Temperatur het hüt neunzg Grad Fahrenheit erreicht.

La température a atteint quatre-vingt-dix degrés Fahrenheit aujourd'hui.

15. Chiffres 100+

Es sind einhundert Stüehl im Auditorium.

L'auditorium compte cent places assises.

Zweihundert Schüler hend a dere Schulversammlig teilgnome.

Deux cents élèves ont assisté à l'assemblée de l'école.

Die Firma het drüshundert Einheite vo em neue Produkt produziert.

La société a produit trois cents unités du nouveau produit.

Das Buch het vierhundert Sita.

Ce livre compte quatre cents pages.

Ich ha fünfhundert Muschle am Strand gsammlet.

J'ai ramassé cinq cents coquillages sur la plage.

Sächshundert Lüüt hend a em Wohltätigkeitslauf teilgnome.

Six cents personnes ont participé à la course de charité.

Das Museum zeigt siebenhundert Kunstwerke.

Le musée présente sept cents œuvres d'art.

Achtshundert Gäst hend ah mim Hochziit teilgnome.

Huit cents invités ont assisté à mon mariage.

Es sind nünhundert Baim im Park.

Le parc compte neuf cents arbres.

Es kostet eintausend Dollar.

Il a coûté mille dollars.

Ich ha zwöitausend Dollar für min Urlaub gspart.

J'ai économisé deux mille dollars pour mes vacances.

Ich ha hüt zähntausend Schritt gloffe.

J'ai fait au total dix mille pas aujourd'hui.

Die Bevölkerig vo dr Stadt isch über einhunderttausend.

La ville compte plus de cent mille habitants.

Die Firma het ein Million Dollar Umsatz erreicht.

L'entreprise a atteint un million de dollars de chiffre d'affaires.

Die Firma wird uf ein Milliarde Dollar gschätzt.

L'entreprise est évaluée à un milliard de dollars.

16. Nombres ordinaux

Das isch das erscht Mal, dass ich Warschau bsuecht han.

C'est la première fois que je visite Varsovie.

Sie het de zwöit Preis im Renn gwunne.

Elle a remporté le deuxième prix de la course.

Er het de dritt Preis im Wettbewerb gwunne.

Il a remporté le troisième prix du concours.

Ich wohne im vierte Stock vom Mietshuus.

J'habite au quatrième étage de l'immeuble.

Sie het es Party gmacht, um ihren füftä Geburtstag z'fiire.

Elle a organisé une fête pour célébrer son cinquième anniversaire.

Sie isch im sechschte Platz im Renn acho.

Elle a terminé sixième de la course.

Üsere Team isch im sibete Rang im Turnier cho.

Notre équipe s'est classée septième du tournoi.

Sie sind im achte Stock zum Sitzigszimmer cho.

Ils arrivent à la salle de réunion du huitième étage.

Die neunte Räng im Theater het d'beschti Sicht uf d'Bühni.

La neuvième rangée du théâtre offre la meilleure vue sur la scène.

Sie het zähnt Platz im Kunstwettbewerb gwunne.

Elle a remporté la dixième place au concours d'art.

Es isch de eilfte vom Monet und es isch sonnig.

Nous sommes le 11 du mois et il fait beau.

Das isch dö zwölfte Mal, dass ich dä Film aaluege.

C'est la douzième fois que je vois ce film.

Üser Team het sini drizzähnte ufereinanderfolgende Spiel gwunne.

Notre équipe a remporté son treizième match consécutif.

Es isch de vierzehnte vom Monet und ich ha en Termin biem Zahnarzt.

Nous sommes le quatorze du mois et j'ai rendez-vous chez le dentiste.

Sie het ihren fünfzehnte Hochziitsjubiläum mitem spezielle Nachtässe gfieret.

Elle a célébré son quinzième anniversaire de mariage par un dîner spécial.

17. Membres de la famille

Üser Sohn lehrt sich, sy Schue selber z'bindä.

Notre fils apprend à faire ses propres lacets.

Üsere Tochter liebt es z'male und wunderschöni Kunstwärch z'schaffe.

Notre fille adore peindre et créer de belles œuvres d'art.

Mis jüngere Brüeder gniesst s'Spielen vo Videogame.

Mon jeune frère aime jouer aux jeux vidéo.

Mis ältere Schwöschter isch mis Vorbild; sie isch immer da, um mich z'füehre.

Ma sœur aînée est mon modèle, elle est toujours là pour me guider.

Mis Vatter hilft mer nachem Znacht bi mine Huusufgabe.

Mon père m'aide à faire mes devoirs après le dîner.

Mis Mueter bereitet jede Obe feini Mahlzeite für d'Familie zue.

Ma mère prépare de délicieux repas pour la famille tous les soirs.

Meini Eltere hend vor 20 Jahr gheiratet.

Mes parents se sont mariés il y a 20 ans.

Mis Grossvatter verzellt faszinierendi Gschichte us syner Jugend.

Mon grand-père raconte des histoires fascinantes de sa jeunesse.

Mis Grossmueter bäckt jede Sunntig feini Guezli.

Ma grand-mère prépare de délicieux biscuits tous les dimanches.

Mis Grosseltere bsueche üs oft.

Mes grands-parents nous rendent souvent visite.

Onkel John bringt mer bi, wie mer dieses Wucheend Fahrrad fahrt.

L'oncle John m'apprend à faire du vélo ce week-end.

Tante Mary bringt üs immer bedachtsami Gschenk bi Familie-Treffepunkte mit.

Tante Mary nous apporte toujours des cadeaux attentionnés lors des réunions de famille.

Mis Cousin und ich hend vil gliichi Hobbys.

Mon cousin et moi avons les mêmes hobbies.

Mis Neffe lacht vil.

Mon neveu rit beaucoup.

Mis Nichte isch es liäbes Meitli mit eme grosse Lächle.

Ma nièce est une adorable petite fille au grand sourire.

18. Décrire les personnes - L'apparence physique

Sie het langi Hoor und trägt Brüüle.

Elle a les cheveux longs et porte des lunettes.

Er trägt Kontaktlinsä.

Il porte des lentilles de contact.

Er isch sehr gross und het churzi schwarzi Hoor.

Il est très grand et a des cheveux noirs courts.

Sie het blaui Auge.

Elle a les yeux bleus.

Er het en Bart und en Schnurrbart.

Il porte une barbe et une moustache.

Sie het chline Hoorlocke.

Elle a les cheveux bouclés.

Er isch dünn.

Il est mince.

Sie het Sommersprossä uf de Wangä.

Elle a des taches de rousseur sur les joues

Sie trägt es Pferdechätzli.

Elle a une queue de cheval.

Er isch iiberwichtig und het e glatzige Chopf.

Il est en surpoids et a le crâne dégarni.

Sie isch vum mittlere Wuch und het glatti blondi Hoor.

Elle est de taille moyenne et a des cheveux blonds et raides.

Er trägt immer e Huät.

Il porte toujours un chapeau.

Sie het e Tätowierig uf em Arm und Ohrlochig.

Elle a un tatouage sur le bras et des piercings à l'oreille.

Er het e Narbe uf syner Wange.

Il a une cicatrice sur la joue.

Er het e Grübli uf syner Chinn und trägt Zahnspange.

Il a une fossette au menton et porte un appareil dentaire.

19. Décrire les personnes - Traits de personnalité

Sie isch guetgmeint und immer bereit, andere z'hälfe.

Elle a bon cœur et est toujours prête à aider les autres.

Sie isch offe und liebt es, mit Fründe z'sozialisierä.

Elle est extravertie et aime se retrouver avec ses amis.

Sie isch ruhig und geduldig, sogar in stressige Situatione.

Elle est calme et patiente, même dans les situations stressantes.

Sie isch energiegelade und bringt Begeischterig zu jede Aufgabä.

Elle est énergique et apporte de l'enthousiasme à toute tâche.

Er isch en zuverlässige Fründ, uf den ma sich in jede Situation verlasse chan.

C'est un ami fiable sur lequel on peut compter dans toutes les situations.

Sie sind kreativi Denker, wo oft mit innovativä Idee umekomme.

Ce sont des penseurs créatifs qui ont souvent des idées novatrices.

Er isch humorvoll und cha mit sine Witze alli zum Lache bringä.

Il est plein d'humour et peut faire rire tout le monde avec ses blagues.

Sie isch schuftig und arbeitet hart, um ihri Zil z'erreichä.

Elle est assidue et travaille dur pour atteindre ses objectifs.

Er isch fründschaftlich und offe und findet leicht neui Fründ.

Il est amical et extraverti et se fait facilement de nouveaux amis.

Sie isch organisiert und isch guet im Planä vo Event und Aktivitätä.

Elle est organisée et excelle dans la planification d'événements et d'activités.

Er isch abentürerisch und gniesst es, neui Sachä uszprobiere.

Il est aventureux et aime essayer de nouvelles choses.

Sie isch e mitfühlendi Zuhöreri, wo immer für ihri Fründ da isch.

Elle sait écouter avec compassion et est toujours là pour ses amis.

Sie isch entschlosse und git nie bi eim Herausforderig uf.

Elle est déterminée et n'abandonne jamais un défi.

Sie isch optimistisch und gseht d'positive Site vo jeder Situation.

Elle est optimiste et voit le côté positif de chaque situation.

Er isch locker drauf und passt sich guet a Veränderigä ah.

Il est facile à vivre et s'adapte bien au changement.

20. Prépositions courantes

Das Buech isch ufem Tisch.

Le livre est sur la table.

Der Hund isch underem Stuehl.

Le chien est sous la chaise.

Der Bleistift isch nebst em Buech.

Le crayon est à côté du livre.

Die Chatz isch im Chästli.

Le chat est dans la boîte.

Er isch hinder em Vorhang.

Il est derrière le rideau.

Ich ha mis Auto vor em Huus parkiert.

J'ai garé ma voiture devant la maison.

Das Bild isch überem Chemi.

Le tableau se trouve au-dessus de la cheminée.

Die Antwort isch unterhalb vo dr Frag.

La réponse est inscrite sous la question.

Der Lebensmittellade isch um d'Ecke.

L'épicerie est au coin de la rue.

Der Ball isch underem Bett rollt.

La balle a roulé sous le lit.

De Parkplatz isch rechts vo dr Post.

Le parking se trouve à droite du bâtiment de la poste.

De Spielplatz isch links vo dr Parkplatz.

L'aire de jeux se trouve à gauche du parking.

Die Schuel isch nah bim Chilchli.

L'école est située près de l'église.

Der Bahnhof isch nöd sehr wiit vo mim Huus.

La gare n'est pas très loin de chez moi.

Die Post isch zwüsche em Park und em Museum.

Le bureau de poste se trouve entre le parc et un musée.

21. Exprimer ses goûts et ses dégoûts

Ich lieb min Fründin wirklich.

J'aime vraiment ma petite amie.

Ich mag es, Zyt mit mine Fründe z'verbringe.

J'aime passer du temps avec mes amis.

Du magsch s'Lerne vo Sprache.

Vous aimez apprendre les langues.

Er redet gern über Gschicht.

Il aime parler d'histoire.

Mir mäge den Duft vo Blueme.

Nous aimons l'odeur des fleurs.

Ihr beide möged keni klassischi Musig.

Vous n'aimez pas la musique classique.

Sie gseh gern zueinander.

Ils aiment se voir.

Ich magsch s'Abwasche nöd.

Je n'aime pas faire la vaisselle.

Ich hasse s'Mache vo nutzlose Sachen.

Je déteste faire des choses inutiles.

Er magsch es und ich au.

Il l'aime bien et moi aussi.

Er magsch es nöd und ich au nöd.

Il n'aime pas ça et moi non plus.

Er magsch es, aber ich nöd.

Il aime ça, mais pas moi.

Er magsch es nöd, aber ich scho.

Il n'aime pas ça, mais moi si.

Ich würd gern nach Italie ga.

J'aimerais aller en Italie.

Ich denk, das isch en gueti Idee.

Je pense que c'est une bonne idée.

22. Émotions

Ich bin zfriede mit de Resultate.

Je suis satisfait des résultats.

Sie isch trurig, wiel ihr Hund gstorbe isch.

Elle est triste parce que son chien est mort.

Er isch ufegregt für sy bevorstehendi Ferie.

Il se réjouit de ses prochaines vacances.

Ich find das Film langwilig.

Ce film m'ennuie.

Sie isch nervös für es bevorstehends Exame.

Elle est anxieuse à l'idée d'un examen à venir.

Ich fühle mi zfriede no es entspannts Wucheänd dehei.

Je me sens satisfait après un week-end de détente à la maison.

Er isch ärgerlich über unfairi Behandlig.

Il est en colère contre un traitement injuste.

Sie isch überrascht über s'unerwarteti Gschenk.

Elle est surprise par ce cadeau inattendu.

Ich bin verwirrt über dii neu Software bi de Arbeit.

Je ne comprends pas bien le nouveau logiciel au travail.

Er isch entspannt nach em lange Spaziergang im Park.

Il est détendu après une longue promenade dans le parc.

Ich werd schnell frustriert.

Je suis très facilement frustré.

Sie isch nervös für e Präsentation.

Elle est nerveuse à l'approche d'une présentation.

Ich bin stolz uf mini chlini Schwöschter, dass si de Wettbewerb gwonnen het.

Je suis fière que ma petite sœur ait gagné le concours.

Er het Angst vor Spinne.

Il a peur des araignées.

Ich bin neugierig, was in dr mysteriöse Schachtel isch.

Je suis curieux de savoir ce que contient cette mystérieuse boîte.

23. Traits de personnalité

Ich bin en fründschaftliche Person.

Je suis une personne sympathique.

Sie isch introvertiert und gibt de Vorzug, Zyt allei z'verbringe.

Elle est introvertie et préfère passer du temps seule.

Er isch extrovertiert und gniesst s'Sozialisierä an Partys.

Il est extraverti et aime se retrouver dans des soirées.

Ich bin selbstsicher, wenn ich mini Idee in Sitzige präsentiere.

Je suis sûr de moi lorsque je présente mes idées en réunion.

Sie isch schüchtern und redet nöd gern vor em Publikum.

Elle est timide et n'aime pas parler devant le public.

Ich bin ambitioniert und streb danach, mini Berufsziil z'erreichä.

Je suis ambitieux et je m'efforce d'atteindre mes objectifs de carrière.

Sie chan am Wucheänd es bitzli faul si und gniess es, dehei z'relaxä.

Elle peut être paresseuse le week-end et aime se détendre à la maison.

Er isch verantwortigsvoll und erfüllt immer sy Termiin.

Il est responsable et respecte toujours les délais.

Sie isch organisiert und halt ihre Arbeitsplatz sauber und ufgeriimt.

Elle est organisée et garde son espace de travail propre et bien rangé.

Er cha es bitzli unorganisiert si und verliert oft sy Sachä.

Il peut être un peu désorganisé et égare souvent ses affaires.

Sie isch ungeduldig, wenn sie in lange Schlangä wartet.

Elle est impatiente dans les longues files d'attente.

Ich bin optimistisch und glaube an es positivs Ergebnis.

Je suis optimiste et je crois en une issue positive.

Er neigt dazu, pessimistisch z'si und erwartet s'Schlimmscht in Situatione.

Il a tendance à être pessimiste et à s'attendre au pire dans les situations.

Sie isch bescheiden trotz ihre viele Erfolge.

Elle est modeste malgré ses nombreuses réalisations.

Ich cha ab und zue egoistisch si, mini eigene Bedürfnis i de Vordergrund stelle.

Il m'arrive d'être égoïste et de faire passer mes propres besoins avant tout.

24. Discussions sur les événements passés

Ich war letscht Johr in Schwede.
J'étais en Suède l'année dernière.

Ich war nöd uf sowas vorbereitet.
Je n'étais pas préparé à ce genre de question.

Ich han gmacht, was ich für richtig gha halt.
J'ai fait ce que je pensais être juste.

Ich habs nöd gmacht.
Je ne l'ai pas fait.

Ich han mini Huusufgabe gmacht.
J'ai fait mes devoirs.

Ich bin no nie in Krakau gsi.
Je ne suis jamais allée à Cracovie.

Sie hend zäme en Film agluegt.
Ils ont regardé un film ensemble.

Das Konzert het um 8 Uhr abigs aafange.
Le concert a commencé à 20 heures.

Ich han mini Uni im 2020 abgschlosse.
J'ai obtenu mon diplôme en 2020.

Sie het e feins Znacht für üs koched.
Elle nous a préparé un délicieux dîner.

Mir hend gester im Park Fuessball gspielt.
Hier, nous avons joué au football dans le parc.

Dr Lehrer het d'Lektion guet erklaert.
Le professeur a bien expliqué la leçon.

Sie hend e Huus in de Vorstadt kauft.
Ils ont acheté une maison en banlieue.

Ich ha mi alte Fründ im Café troffe.
J'ai rencontré mon vieil ami au café.

Ich bin ufgstande und ha e Rundi joggt.
Je me suis levé et j'ai fait un jogging.

25. Discuter des projets futurs

Ich mach das morn.

Je le ferai demain.

Ich bin am Samschtig nöd do.

Je ne serai pas là samedi.

Ich schliesse die Aufgab bis am Freitag ab.

Je terminerai cette tâche d'ici vendredi.

Morn geh ich an e Flugshow.

Demain, j'assisterai à un meeting aérien.

Die Firma lanciert es neus Produkt nägschte Mändig.

L'entreprise lance un nouveau produit lundi prochain.

In paar Täg werded sie d'Sieger vo de Wettbewärb bekannt geh.

Dans quelques jours, ils annonceront les lauréats du concours.

Bis 2050 propheseie Wissenschaftler beträchtlichi Fortschritt i erneuerbarer Energie.

D'ici à 2050, les scientifiques prévoient des avancées significatives dans le domaine des énergies renouvelables.

Nächschte Monet het er si Roman fertig gschriebe.

Le mois prochain, il aura terminé l'écriture de son roman.

Bis zum Wucheend werded mer de Budget fürs nächscht Gschäftsjahr abgschlosse ha.

D'ici la fin de la semaine, nous aurons finalisé le budget pour le prochain exercice fiscal.

In paar Jahr werded elektrischi Autos wahrschinlich de Auto-Markt dominierä.

Dans quelques années, les voitures électriques domineront probablement le marché automobile.

Bis du acho, hend mer de Konferenzraum iigerichtet.

Lorsque vous arriverez, nous aurons installé la salle de conférence.

In dr Zukunft werded d'Autos autonom sii.

À l'avenir, les voitures seront autonomes.

Nächste Summer planed sie, uf d'Kanarische Inseln z'reise.

L'été prochain, ils prévoient de se rendre aux îles Canaries.

Nächst Jahr wird er es Masterstudium in Informatik verfolge.

L'année prochaine, il poursuivra ses études en vue de l'obtention d'un master en informatique.

D'Wahle wird s'Land für die nächste vier Jahr präge.

Cette élection façonnera le pays pour les quatre prochaines années.

26. Expression de l'obligation et de la nécessité

Mir müssed die Arbeit bis morn fertig mache.

Nous devons terminer le travail d'ici demain.

Ich han e Sitzig um 3 Uhr Nachmittag.

J'ai une réunion à 15 heures.

Mir söllted früh mit de Vorbereitung für d'Prüefig afa.

Nous devrions commencer à nous préparer à l'examen le plus tôt possible.

Sie söllt sich für ihr Verhalte entschuldige.

Elle devrait s'excuser pour son comportement.

Mir müssed de Bericht bis zum Wucheend abgäh.

Nous devons rendre le rapport avant la fin de la semaine.

D'Mitgliedschaft bi de Orientierig isch obligatorisch.

La participation à l'orientation est obligatoire.

Ich ha e Verpflichtig, d'Firma-Richtlinie z'befolge.

J'ai l'obligation de respecter la politique de l'entreprise.

Wänn mer Velo fahrt, isch es obligatorisch e Helm z'trage.

En vélo, le port du casque est obligatoire.

Regelmässigi Bewegig isch essentiell für d'Gesundheit.

L'exercice physique régulier est essentiel pour la santé.

Regelmässigi Pausä sind nötig für d'Produktivität.

Des pauses régulières sont nécessaires à la productivité.

Das Trainingsprogramm isch für alli Mitarbaiter obligatorisch.

Le programme de formation est obligatoire pour tous les employés.

Wäge Umständ, het er müesse zrucktrete.

En raison des circonstances, il a été contraint de démissionner.

Als Schüler bisch a d'Regäle vo dr Schuel gebunde.

En tant qu'étudiant, vous êtes tenu de respecter les règles de l'école.

Sie het sich verpflichtet, ihm z'hälfe.

Elle se sent obligée de l'aider.

D'Erreigig vo de erforderliche Qualifikatione isch entscheidend für d'Schtell.

Il est essentiel de posséder les qualifications requises pour le poste.

27. Passe-temps

Ich lese jede Nacht gern Krimi-Romane in dr gemütliche Eck vo mim Zimmer.

J'aime lire des romans policiers dans le coin douillet de ma chambre tous les soirs.

Sie schätzt es, Gedichte z'schriibe.

Elle aime écrire des poèmes.

Die Chind hend den Nachmittag mit Ziegele zuebrocht.

Les enfants ont passé l'après-midi à dessiner.

Ihr Sohn het es Bild gmalt.

Son fils a peint un tableau.

Ihri Tochter het ihri Passion für Fotografie entdeckt und liebt es, schöni Momänt mit ihrer Chamera izfange.

Sa fille a découvert sa passion pour la photographie et adore capturer de beaux moments avec son appareil photo.

Mir hend s'Wucheend verbrocht, e feini Lasagne z'koche.

Nous avons passé le week-end à préparer de délicieuses lasagnes maison.

Das älteri Paar gärtet regelmässig.

Le couple âgé jardine régulièrement.

Sie het alli an dr Party überrascht, indem sie mit ihrer schöne Stimme es einfühlsams Lied gsunge het.

Elle a surpris tout le monde à la fête en chantant une chanson soul avec sa belle voix.

Si sammelt seltene Münze us verschidene Länder.

Sa nièce collectionne les pièces de monnaie rares de différents pays.

Oma verbringt ihri Abe mit Stricke vo gemütliche Pullis für ihri Enkelkinder.

Grand-mère passe ses soirées à tricoter des pulls douillets pour ses petits-enfants.

Dr Künstler het Wuche damite verbracht, e imponierendi Statue z'schaffe.

L'artiste a passé des semaines à sculpter une magnifique statue.

Nach em hektische Tag find ich Friede, indem ich in mim Zimmer meditiere.

Après une journée mouvementée, je trouve la paix en méditant dans ma chambre.

Jede Sunntig trifft sich d'Familie zum Schache oder andere Brettspiel z'spiele.

Chaque dimanche, la famille se réunit pour jouer aux échecs ou à d'autres jeux de société.

Puzzles löse isch en guete Weg, um de Geist z'trainiere und d'Fähigkeit zur Problemloesig z'verbessere.

La résolution de puzzles est un excellent moyen d'exercer l'esprit et d'améliorer les compétences en matière de résolution de problèmes.

28. La lecture de l'heure

Ich bin um 6 Uhr Morgä ufgstande und ha mich für de Tag fertig gmacht.

Je me suis réveillée à 6 heures du matin et je me suis préparée pour la journée.

Um 7 Uhr ha ich mit ere Tasse Kaffi g'frühstückt.

À 7 heures, j'ai pris mon petit-déjeuner avec une tasse de café.

Um 8 Uhr bin ich us em Huus für d'Arbeit.

À 8 heures, j'ai quitté la maison pour aller travailler.

Um 9 Uhr het ich e wichtigi Sitzig im Büro gha.

À 9 heures, j'avais une réunion importante au bureau.

Um 10 Uhr ha ich e Pause gmacht und mit Kollegä g'redet.

À 10 heures, j'ai fait une pause et j'ai discuté avec des collègues.

Um 11 Uhr ha ich witer a mine Aufgabä gschafft.

À 11 heures, j'ai continué à travailler sur mes tâches.

Um 12 Uhr ha ich im Bürokafee z'Mittag g'esse.

À 12 heures, j'ai déjeuné à la cafétéria du bureau.

Um 20 ab 1 Uhr ha ich de Mittag z'Hus g'gässe.

À 1 heure 20, j'ai déjeuné à la maison.

Um 10 ab 2 Uhr bin ich e Rundi spaziere gange.

À 2 heures 10, je suis allée me promener.

Um 3:15 Uhr ha ich für mini Prüefig g'lernt.

À 15 h 15, j'ai étudié pour mes examens.

Um viertel vor 4 ha ich e Online-Sitzig g'ha.

À 16 heures moins le quart, j'ai eu une réunion en ligne.

Um halb 6 Uhr ha ich im Fitnessstudio trainiert.

À 5 heures et demie, j'ai fait de l'exercice à la salle de sport.

Am Morgä war ich müed.

Le matin, j'étais fatiguée.

Am Namitag ha ich mich mit mine Fründ truffe.

L'après-midi, j'ai rencontré mes amis.

Am Abe ha ich e Buech g'lese.

Le soir, je lis un livre.

29. Expressions temporelles

Ich ha hüt e Sitzig.

J'ai une réunion aujourd'hui.

Morn sind mir am picknicken am planne.

Nous prévoyons un pique-nique demain.

Übermorn fange mir eisere Rundreis a.

Après-demain, nous commencerons notre voyage en voiture.

Gestern bin ich am Mall ihkaufe gsi.

J'ai fait du shopping au centre commercial hier.

Vorgestern sind mir is Museum gangä.

Avant-hier, nous sommes allés au musée.

Früener ha ich inere andere Stadt gläbt.

Auparavant, je vivais dans une autre ville.

Ich bin grad mit de Arbeit bschäftigt.

Je suis occupé par mon travail en ce moment.

Mir chönd d'Detail später b'spreche.

Nous pourrons discuter des détails plus tard.

D'Vergangeheit chasch nöd ändere, aber mir chönd dervo lehre.

On ne peut pas changer le passé, mais on peut en tirer des leçons.

Für d'Zuekunft plane isch wichtig.

Il est important de planifier l'avenir.

Leb im Moment und schätz, was du hesch.

Vivez le présent et chérissez ce que vous avez.

Ich trink morgens Kaffee.

Je bois du café le matin.

Lah üs am Mittag zämme für es Znacht.

Rencontrons-nous pour déjeuner dans l'après-midi.

Mir gönd abends is Kino.

Nous allons au cinéma le soir.

Ich chume spät am Abe hei.

Je rentre tard le soir.

30. Au restaurant

Dr Restaurant biedet e vielfältigi Speisekarte.

Le restaurant propose un menu varié.

Mir hend entschiede, üse Ässe mit ere leckerere Spinat-Artischocke-Dip als Vorspeis aafange.

Nous avons décidé de commencer notre repas par une délicieuse sauce aux épinards et aux artichauts en guise d'entrée.

Vergiss nöd, es Dessert z'bestelle; dr Schoggi-Lava-Kueche isch ussergwöhnlich.

N'oubliez pas de commander un dessert ; le gâteau à la lave de chocolat est exceptionnel.

Dr Ober het en erfrischendi Minze-Limonade als ideali Trank empfohle.

Le serveur a recommandé une limonade à la menthe rafraîchissante comme boisson idéale.

Bestelle: Chömed mir vorgo und üsri Bestellig abgeh.

Commander : Pouvons-nous passer notre commande ? Je suis affamé.

Dr Ober het de ganze Abe hindurch en usserordentliche Service gliferet.

Le serveur a assuré un excellent service tout au long de la soirée.

Mir bevorzüged es ruhigs Tischli am Fenster.

Nous préférons une table tranquille près de la fenêtre.

Es isch en beliebter Ort, drum ha ich e Reservation fürs Znacht um 7:00 Uhr gmacht.

C'est un endroit très fréquenté et j'ai donc réservé pour un dîner à 19 heures.

Mir sorged immer dafür, e grosszügigi Trinkgeld für en exzellente Service z'lah.

Nous veillons toujours à laisser un généreux pourboire pour un excellent service.

Ich mags gärn, dass min Ässe mittelscharf isch; nöd z' mild, nöd z' scharf.

J'aime que mes plats soient moyennement épicés, ni trop doux, ni trop piquants.

Dr Restaurant het e Vielfalt a leckeri vegetarische Optione für die, wo koi Fleisch ässe.

Le restaurant propose une variété de délicieuses options végétariennes pour ceux qui ne mangent pas de viande.

Sie bieded e Auswahl a kreativi alkoholfreie Cocktails für die, wo kei Alkohol trinke.

Ils proposent une sélection de cocktails créatifs sans alcool pour ceux qui préfèrent ne pas boire d'alcool.

31. Au café

Dr fründlichi Barista het en hübschi Züg uf mim Cappuccino gmacht.

Le sympathique barista a fait un joli dessin sur mon cappuccino.

Dr Duft vom frische Kaffi het mich guet fühle lah.

L'odeur du café frais m'a fait du bien.

Ich ha mich in en bequeme Stuehl gsetzt und d'angenehmi Musig im Hintergrund gnosse.

Je me suis assise dans un fauteuil confortable et j'ai apprécié la musique agréable qui jouait en arrière-plan.

D'Tafel het viel leckeri Dring und Snacks zeigt, wo me cha uswähle.

Le grand tableau affichait un choix de boissons et de snacks délicieux.

Die Person am Schalter het mir ihr spezielli Kaffi-Mischig für mini Morgentasse vorgschlage.

La personne au comptoir m'a proposé son mélange de café spécial pour ma tasse du matin.

Ich ha e Zitig vo ere Stell mit Serviette und so gno und mich in en bequeme Stuehl gsetzt.

J'ai pris un journal dans un endroit où il y avait des serviettes et d'autres choses et je me suis assis dans un fauteuil confortable.

Dr Kaffi-Platz het schön usgseh mit Bilder und Kunstwerch vo lokale Künstler.

Le café est agréable à regarder, avec des photos et des œuvres d'artistes locaux.

Ich ha e feins Croissant gno zum zum Kaffi ässe.

J'ai pris un délicieux croissant pour accompagner mon café.

Ich ha s'Wi-Fi benutzt, um e bitzli z'arbeite, während ich min Kaffi trunke ha.

J'ai utilisé le Wi-Fi pour travailler tout en buvant mon café.

Dr Kaffi-Platz het e Programm, wo me Belohnige bechunnt, wenn me oft chunt.

Le café a mis en place un programme qui vous permet de recevoir des récompenses si vous venez souvent.

Die Kaffimaschine het gbrummt und mir mim starken und leckeren Kaffi geh.

La machine à café a fait du bruit et m'a donné mon café fort et savoureux.

Sie hend Becher, zum de Kaffi mit zunäh und Deckel, zum sie zuzmache.

Ils avaient des tasses pour emporter votre café et des couvercles pour les fermer.

Dr Platz het cool usgseh mit Bilder und Kunstwerch vo lokale Lüt.

L'endroit avait l'air cool, avec des images et des œuvres d'art réalisées par des habitants de la région.

32. Achats

Lah üs im Einkaufszentrum treffä und vorher e Kaffi trinkä, bevors neui Schue chaufe.

Rendez-vous au centre commercial pour prendre un café avant d'aller acheter de nouvelles chaussures.

Dr Bauere-Märt isch en super Ort, um frisch Frücht und Gemüs z'kaufe.

Le marché fermier est un endroit idéal pour acheter des fruits et des légumes frais.

Ich ha dä Jacke im Usgang kauft - sie isch 50% reduziert gsi!

J'ai acheté cette veste en solde - elle était à -50% !

Mit mim Studente-Ausweis ha ich Rabatt uf d'Büecher becho, wo ich kaufet han.

Grâce à ma carte d'étudiant, j'ai bénéficié d'une réduction sur les livres que j'ai achetés.

Es isch immer zfriedestellend, e gueti Aktion z'finde; ich ha d'Schue für e Fraktio vom ursprüngliche Priis becho.

Trouver une bonne affaire est toujours satisfaisant ; j'ai obtenu ces chaussures pour une fraction du prix d'origine.

Vergiss nöd, e Wägele z'hole, um all dini Iinkaufe z'träge.

N'oubliez pas de prendre un chariot pour transporter toutes vos courses.

Mir hend in dr Schlange an de Kasse gwartet, um für üsi Sache z'zahle.

Nous avons fait la queue à la caisse pour payer nos articles.

Dr Kassierer isch fründlich gsi und het üs bi üsem Iinkauf ghulfe.

La caissière était sympathique et nous a aidés à faire nos achats.

Als Chunde schätz ich gueti Bedienig und Qualitätsprodukt.

En tant que client, j'apprécie un bon service et des produits de qualité.

Mini Schwöschter isch id Einkaufstour gange und het Kleider, Schue und Accessoire kauft.

Ma sœur a fait du shopping et a acheté des vêtements, des chaussures et des accessoires.

Ich kauf gern mini Lieblingsmarke vo Schue, wil si bequem und stylisch sind.

J'aime acheter des chaussures de ma marque préférée parce qu'elles sont confortables et élégantes.

Dä Boutique het immer trendigi und modischi Kleider.

Cette boutique propose toujours des vêtements à la mode.

Ich ha s'neui Video-Spiel uf mini Wunschlist gstellt, damit ich's später cha kauft.

Je mets le nouveau jeu vidéo sur ma liste de souhaits pour pouvoir l'acheter plus tard.

Ich nimm e wiederverwendbare Tasche mit, um mini Iinkauf z'träge.

J'apporte un sac réutilisable pour transporter mes achats.

33. Vêtements

Ich ha mir es neus Hemd fürs Bewerbungsgspröch kauft.

J'ai acheté une nouvelle chemise pour l'entretien d'embauche.

Die Hose sind z'eng; ich sött e grösseri Grösse hole.

Ce pantalon est trop serré ; je devrais prendre une taille plus grande.

Sie het es schöns Chleid für d'Hochzyt ahgah.

Elle portait une belle robe au mariage.

Sie het di Bluse mit ere stylische Jeans kombiniert.

Elle a associé le chemisier à une paire de jeans élégante.

Es isch chli kühl draussen, also vergiss dini Jacke nöd.

Il fait frais dehors, n'oubliez pas votre veste.

Ich lieb es, mich an kalte Täg in minem Lieblingspullover z'kuschle.

J'aime me blottir dans mon pull préféré les jours de grand froid.

Er het en Grafik-T-Shirt für's lässige Treffe ahgah.

Il portait un t-shirt graphique lors de cette rencontre décontractée.

Sie het en farbige Schal um ihres Hals gwundege für d'Wärmi.

Elle a enroulé une écharpe colorée autour de son cou pour se réchauffer.

Ich trage e Huet, um mich vor de Sunne z'schütze.

Je porte un chapeau pour me protéger du soleil.

Vergiss nöd, extra Socke für d'Wanderig z'packe.

N'oubliez pas de prendre des chaussettes supplémentaires pour la randonnée.

Die Schue sind perfekt für en lange Wandertag.

Ces chaussures sont parfaites pour une longue journée de randonnée.

Es isch eisig; ich muess Handschue aahah, um warm z'bleibe.

Il fait froid, je dois porter des gants pour rester au chaud.

Sie het en stylische Mantel für d'Eröffnig vo dr Kunstgalerie ahgah.

Elle a porté un manteau élégant lors de l'inauguration de la galerie d'art.

Er het professionell usgseh in syem massgschneiderte Anzug, schwarzi Gürtel und passende Krawatte.

Il avait l'air professionnel dans son costume sur mesure, sa ceinture noire et sa cravate assortie.

Nach em lange Tag, entspann ich mich gern in minere Lieblingspyjama.

Après une longue journée, j'aime me détendre dans mon pyjama préféré.

34. Fruits

Sie het e rote Apfel im ihre Znüni.

Elle a une pomme rouge dans son déjeuner.

Er isst jede Morgä e Banana.

Il mange une banane tous les matins.

Die Chind hend Orangestückli als Znüni.

Les enfants ont épluché des oranges pour le goûter.

Fürs Dessert het sie frischi Erdbeere.

Pour le dessert, elle prend des fraises fraîches.

Sie teilend Wassermelone-Schtückli am Picknick.

Ils partagent des tranches de pastèque lors du pique-nique.

Die Pizza het Ananasstück für e süsse Note.

La pizza est agrémentée de morceaux d'ananas pour une touche sucrée.

Dr Bauere-Märt het saftigi, rifi Pfirsich.

Le marché fermier propose des pêches juteuses et mûres.

D'Konfitüre isch mit sunnegrifi Pflaume gmacht.

La confiture est préparée avec des prunes mûries au soleil.

Sie schneidet Kiwi in ihr Joghurt jede Morgä.

Elle coupe des kiwis dans son yaourt tous les matins.

Er presst frische Zitrone über sin grillierte Fisch.

Il presse du citron frais sur son poisson grillé.

Es Stapel Pfannkuche isch mit Blaubeere belegt.

Une pile de crêpes est garnie de myrtilles.

Im Gärtli sind rifi roti Himbeere.

Il y a des framboises rouges mûres dans le jardin.

Sie gniesst es Schüssel Kirsche, wohrend si liest.

Elle savoure un bol de cerises en lisant.

Ufem Zmorgästisch isch für jede Gast e halbierti Grapefruit.

Sur la table du petit-déjeuner se trouve un demi-pamplemousse pour chaque invité.

Die Birnetorte isch en feins Dessert.

La tarte aux poires est un dessert délicieux.

35. Légumes

Sie snackt gern an knackige Rüeblä.

Elle aime grignoter des carottes croquantes.

Er mag Kartoffelstock mit Butter zum Znacht.

Il aime la purée de pommes de terre au beurre pour le dîner.

Der Salat isch farbig mit reife, rot Tomate.

La salade est colorée avec des tomates rouges mûres.

De Koch het Zwiebeln hinzuegfüegt, um em Gericht Geschmack z'verleihä.

Le chef a ajouté des oignons pour relever la saveur du plat.

Mama dampft Broccoli für es gsunds Biitgli.

Maman fait cuire le brocoli à la vapeur pour en faire un plat d'accompagnement sain.

Der Smoothie isch grün und nährhaft mit Spinat.

Le smoothie est vert et nutritif grâce aux épinards.

Sie füegt gschnittni Gurke zum ihrem erfrischende Salat bii.

Elle ajoute des tranches de concombre à sa salade rafraîchissante.

Das Sandwich isch voll mit frische Lattich-Blätter.

Le sandwich est garni de feuilles de laitue fraîche.

Röschtiger Blumenkohl isch en leckeri und eifachi Gericht.

Le chou-fleur rôti est un plat simple et savoureux.

Die Suppe isch gefüllt mit süsse, grüene Erbsli.

La soupe est remplie de pois verts sucrés.

Gegrillti Zucchetti isch en feins Sommerside-Dish.

Les courgettes grillées sont un délicieux plat d'accompagnement pour l'été.

Gschchnittni Radiesle gäbed em Salat en würzige Kick.

Les rondelles de radis ajoutent du piquant à la salade.

Die Pasta isch reichhaltig mit ere Pilzrahmsauci.

Les pâtes sont riches d'une sauce à la crème aux champignons.

Sie grillt Maiskolbe für de Barbecue.

Elle fait griller des épis de maïs pour le barbecue.

Die Pasta-Sauci isch würzig mit gschrotete Knoblauch.

La sauce pour pâtes est savoureuse grâce à l'ail haché.

36. Viande et poisson

Ich grille gern Hamburger mit Rindfleisch.

J'aime faire griller des hamburgers avec du bœuf.

Mama het früener e grosses Stück Schweinefleisch für üse Familiä-Znacht röstet.

Maman avait l'habitude de faire rôtir un gros morceau de porc pour notre dîner familial.

Am Sunntig gänds üblicherwis Brathähnchen.

Le dimanche, nous avons l'habitude de manger du poulet frit.

Letschti Wuch hend mer Bratetruthen mit Sauce gha.

La semaine dernière, nous avons mangé de la dinde rôtie avec de la sauce.

Zum Zmorgä ha ich e Schinken-Sandwich und Würscht gha.

Au petit-déjeuner, j'ai pris un sandwich au jambon et des saucisses.

Dad grillt ab und zue e feine Steak.

Papa fait griller un bon steak de temps en temps.

Das bratni Lamm von de Grossmuetter isch immer lecker.

L'agneau rôti de grand-mère est toujours savoureux.

Ggrillti Lachs mit Zitrone und Krüter isch en gsundi Znacht.

Le saumon grillé au citron et aux herbes est un dîner sain.

Thunfisch isch beliebt im Sushi und cha au gläsert serviert werde.

Le thon est très apprécié dans les sushis et peut être servi saisi.

Ich mags mini Fisch and Chips mit Kabeljaufilet.

J'aime mon fish and chips avec des filets de cabillaud.

Di Meeresfrücht schmöcket immer guet.

Les fruits de mer sont toujours bons.

Mer hend es Forelle bim Fischertripp gfange.

Nous avons attrapé une truite lors de notre partie de pêche.

Im Backofe gbackener Heilbutt mit Knoblauchbutter-Sauci isch lecker und einfach.

Le flétan cuit au four avec une sauce au beurre à l'ail est savoureux et simple.

Tilapia isch e mildi Fischart, wo super für verschidni Rezept geeignet isch.

Le tilapia est un poisson doux qui se prête à de nombreuses recettes.

Garnelä sind in Italie beliebt.

Les crevettes sont très appréciées en Italie.

37. Boissons

Ich trag immer es Wasserfläschi bi mir.

J'emporte toujours une bouteille d'eau.

Mineralwasser isch es erfrischends Getränk.

L'eau pétillante est une boisson rafraîchissante.

Ich zieh stills Wasser em Mineralwasser vor.

Je préfère l'eau plate à l'eau gazeuse.

Ich trink gern es kalts Bier an ere heisse Sommertag.

J'aime une bière fraîche par une chaude journée d'été.

Min Lieblingsfrühstücksgetränk isch Orangensaft.

Ma boisson préférée pour le petit-déjeuner est le jus d'orange.

Ich mag es morgens mit eme heisse Tee ahzfange.

J'aime commencer ma matinée par une tasse de thé chaud.

Viele Lüt bruche es Kaffi, um morgens ufzwecke.

De nombreuses personnes ont besoin d'une tasse de café pour se réveiller le matin.

Es Glas Rote Wyy passt guet zu Pasta-Gerichte.

Un verre de vin rouge accompagne les plats de pâtes.

Chind wirded oft empfohle, es Glas Milch für starke Bei z'trinke.

On conseille souvent aux enfants de boire un verre de lait pour avoir des os solides.

Heissi Schoggi isch perfekt zum Ufwärme an ere Winterdag.

On conseille souvent aux enfants de boire un verre de lait pour avoir des os solides.
Le chocolat chaud est parfait pour se réchauffer les jours d'hiver.

Mir füred besondri Gelegeheite mitere Fläsche Champagner.

Nous célébrons les grandes occasions avec une bouteille de champagne.

Cola isch en beliebti Kohlensäurehaltigi Trank rund um d'Wält.

Le cola est une boisson gazeuse populaire dans le monde entier.

Im Herbscht gnüss ich es warmes Glas Apfelsaft.

En automne, j'apprécie une tasse de cidre chaud.

Ich zieh Grüentee em Schwarze vor.

Je préfère le thé vert au thé noir.

Einigi Lüt wählend es Energy-Drink, um ihri Energie z'steigere.

Certaines personnes choisissent d'augmenter leur énergie avec une boisson énergétique.

38. Autres aliments

Sie giess es Glas Milch über ihri Cornflakes jede Morge.

Elle verse un verre de lait sur ses céréales tous les matins.

Sie schmiert Butter uf warme Röschti für es leckers Zmorge.

Elle étale du beurre sur des toasts chauds pour un délicieux petit-déjeuner.

Pizza isch mitgschmolzne Chäs und Tomatensauce belegt.

La pizza est garnie de fromage fondu et de sauce tomate.

Er gniesst e Schüssel Joghurt mit frische Beeri als Dessert.

Il apprécie un bol de yaourt avec des baies fraîches en guise de dessert.

Gib e bitz Crème in din Kaffi für en riche Gschmack.

Ajoutez un peu de crème à votre café pour un goût plus riche.

D'Chind liebe e Kugle Schoggiis.

Les enfants adorent une boule de glace au chocolat.

Er tüend Chetchup uf ihri Pommes für extra Gschmack.

Il ajoute du ketchup à ses frites pour plus de saveur.

Dr Sandwich isch mitere Schicht Mayonnaise überzooge.

Le sandwich est recouvert d'une couche de mayonnaise.

Hotdogs sind besser mit ere Prise würzige Senf.

Les hot-dogs sont meilleurs avec une pointe de moutarde piquante.

Sie kocht es Ei für en schnelle und proteinreichi Zwüschendur-Snack.

Elle fait bouillir un œuf pour un en-cas rapide et riche en protéines.

Koi Zmorge isch komplett ohni es Teller Rührei.

Aucun petit-déjeuner n'est complet sans une assiette d'œufs brouillés.

Sie schält es hartgkochts Ei zumem Salat.

Elle épluche un œuf dur pour accompagner sa salade.

Sini Lieblingszmorge isch es weichgkochts Ei mit Toast.

Son petit-déjeuner préféré est un œuf à la coque avec du pain grillé.

Curry wird uf ere Schicht gedampfte Wiisriis serviert.

Le curry est servi sur un lit de riz blanc cuit à la vapeur.

Sie kocht Pasta und wirfts in ere würzige Tomatensauci.

Elle fait cuire des pâtes et les mélange à une sauce tomate épicée.

39. La cuisine

Rühr die Suppe sachte mit em Löffel.

Remuez doucement la soupe à l'aide d'une cuillère.

Schäl die Kartoffle, bevor du sie koched.

Épluchez les pommes de terre avant de les faire cuire.

Es isch wichtig, dass d'Gemües für de Salat in chliini Stück gschidne wird.

Il est important de couper les légumes en petits morceaux pour la salade.

Ich ha die Pasta in dere Pfanne koched.

J'ai fait cuire les pâtes dans cette casserole.

Grillier das Hänchen für ca. 10 Minute uf jede Syte oder bis es durchgaret isch.

Faites griller le poulet pendant environ 10 minutes de chaque côté ou jusqu'à ce qu'il soit bien cuit.

Heiz den Ofe vor und back die Guezli für 12 Minute.

Préchauffez le four et faites cuire les biscuits pendant 12 minutes.

Röschti das Gemües im Ofe bis es zart und karamellisiert isch.

Faites rôtir les légumes au four jusqu'à ce qu'ils soient tendres et caramélisés.

Brat den Fisch in heissem Öl bis er chros und goldig isch.

Faites frire le poisson dans l'huile chaude jusqu'à ce qu'il soit croustillant et doré.

Benutz e Mixer, um die Frücht zu ere Smoothie z'verbliende.

Mixez les fruits à l'aide d'un mixeur pour obtenir un smoothie.

Ich ha das Mehl, Zücker und Eier gmischt, um de Chuecheteig z'mache.

J'ai mélangé la farine, le sucre et les œufs pour obtenir la pâte à gâteau.

Knet de Teig für ca. 5 Minute, bis er wiich und geschmeidig isch.

Pétrissez la pâte pendant environ 5 minutes jusqu'à ce qu'elle soit souple et flexible.

Fini chop den Knoblauch, um ihn zur Pasta-Sauci z'füege.

Hachez finement l'ail pour l'ajouter à la sauce des pâtes.

Ich wüscht das Steak mit Salz und Pfeffer.

J'assaisonne le steak avec du sel et du poivre.

Reib e bitz Chäs, um ihn über die Pasta z'gestreue.

Râpez un peu de fromage pour le saupoudrer sur les pâtes.

Ich ha de Broccoli gämpft, bis er zart gsi isch.

J'ai fait cuire le brocoli à la vapeur jusqu'à ce qu'il soit tendre.

40. Ustensiles et appareils de cuisine

Ich behalt frischis Obst und Tränk im Chühlschrank, um sie kühl z'halte.

Je conserve les produits frais et les boissons dans le réfrigérateur pour les garder au frais.

Benutz es Gabel und es Messer, um's Znacht z'ässe.

Utilisez une fourchette et un couteau pour manger le repas.

Rühr die Suppe mit em Löffel, um alli Gschmack z'verbinde.

Remuez la soupe à l'aide d'une cuillère pour mélanger toutes les saveurs.

Leg d'Schneidbrett uf d'Theki, bevor du d'Zwiebel choppsch.

Placez la planche à découper sur le comptoir avant de hacher les oignons.

Der Chnutschöffner isch nützlich, wenn mer es Dose Tomatensauci für die Pasta öffnet.

L'ouvre-boîte est très utile pour ouvrir une boîte de sauce tomate pour les pâtes.

Servier die heiss Suppe in ere Schüssel, um sie währendem Ässe warm z'halte.

Servez la soupe chaude dans un bol pour la garder au chaud pendant que vous la mangez.

Leg frisch grilliertes Hänchen uf es Teller, bevor du's serviersch.

Placez le poulet fraîchement grillé sur une assiette avant de servir.

Um dinere Pasta meh Gschmack z'gäh, benutz e Knoblauchpresse für gschrotete Knoblauch.

Pour ajouter de la saveur à vos pâtes, utilisez un presse-ail pour ajouter de l'ail haché.

Press frisch Orangesaft mit em Entsafter für es erfrischends Getränk.

Pressez du jus d'orange frais avec l'extracteur de jus pour obtenir une boisson rafraîchissante.

Koche Wasser im Wasserkocher, um morgens schnäll es Tee z'mache.

Faites bouillir de l'eau dans la bouilloire pour préparer rapidement une tasse de thé le matin.

Fang dini Tag richtig ah, indem du e Tasse Kaffi mit em Kaffeeautomat zubereitsch.

Commencez bien votre journée en préparant une tasse de café avec la cafetière.

Mach en gsunde Smoothie, indem du Frücht und Joghurt blendisch.

Préparez un smoothie sain en mixant des fruits et du yaourt.

41. Tâches ménagères

Ich ha d'Bode in dr Chuchi gekehrt.

J'ai balayé le sol de la cuisine.

Ich ha d'Teppich im Wohzimmer gsauge.

J'ai passé l'aspirateur sur la moquette du salon.

Händ abwische mit em Lappe, um d'Stoub vo de Oberfläche z'entferne.

Essuyez la poussière sur les surfaces à l'aide d'un chiffon.

Ich mache jede Samstig Wäsch.

Je fais la lessive tous les samedis.

Ich bügle min Hemd.

Je repasse ma chemise.

Danke, dass du mini Kleider gfütet hesch.

Merci de plier mes vêtements.

I mues de Afwasch machä, nachem Zmittag.

Je dois faire la vaisselle après le déjeuner.

Ich giesse jedä Mändig d'Blüemli.

J'arrose les plantes tous les lundis.

Mis Maa nimmt jede Abig de Müll rüs.

Mon mari sort les poubelles tous les soirs.

Wänn ich ufgschtah, mach ich mis Bett.

Quand je me lève, je fais mon lit.

Ich ha e Lämpli usgwächslet.

J'ai changé une ampoule.

I mues de Rasen mähe.

Je dois tondre la pelouse.

Mis Maa het mir ghulfe, s'Badezimmer z'putze.

Mon mari m'a aidée à nettoyer la salle de bains.

Ich war am überlegä, di Heck um de Hinterhof z'schneide.

J'allais tailler la haie autour du jardin.

I mues d'Schnee us em Auffahrt räume.

J'ai besoin de faire déneiger mon allée.

42. Types de bâtiments

Üsi Familie het e gmüetlichi Huus mit em grosse Garte kauft.

Notre famille a acheté une maison confortable avec un grand jardin.

Sarah wohnt in ere moderne Wohig im Härze vo de Stadt.

Sarah vit dans un appartement moderne au cœur de la ville.

Das Einzelhuus am änd vo de Stross het e schöne Gärtli.

La maison individuelle au bout de la rue dispose d'un beau jardin.

Das Doppelehuus teil e Wand mit em Nachbar.

La maison mitoyenne partage un mur avec le voisin.

Das Reihehuus het drei Stock und e chlini Ballecon.

La maison de ville comprend trois étages et un petit balcon.

Die Firma lagert ihri Ware in ere riesige Lagerhalle am Rand vo de Stadt.

L'entreprise stocke son inventaire dans un immense entrepôt situé à la périphérie de la ville.

Das wohlhabendi Paar het es grossi Villa mit Acher Land.

Le couple fortuné possède un grand manoir avec des hectares de terrain.

Das Stadtzentrum-Bürogebäude beherrschd s'Stadtbild.

L'immeuble de bureaux du centre-ville abrite de nombreuses entreprises.

D'Stadtskyline wird vo ere imposante Hochhuus dominiert.

L'horizon de la ville est dominé par un gratte-ciel imposant.

Chind studeiered und spiele in dr nöchschte Schuel.

Les enfants étudient et jouent à l'école voisine.

D'Spitau isch guet usgrüschtet für Notfäll.

L'hôpital est bien équipé pour les urgences.

D'Loung Bibliothek isch en tolle Ort zum Studeiere.

La bibliothèque, très calme, est un endroit idéal pour étudier.

Das Museum zeigt Artefakt us alte Zivilisatione.

Le musée présente des objets provenant d'anciennes civilisations.

Mir hend e Zimmer in ere gmüetliche Hotel für üsen Urlaub bucht.

Nous avons réservé une chambre dans un hôtel confortable pour nos vacances.

D'alt Chirchi het schöni Buntglasfiänschter.

La vieille église possède de magnifiques vitraux.

43. Chambres

Mir tröffe üs im Wohzimmer, um TV z'gucke und z'entspanne.

Nous nous retrouvons dans le salon pour regarder la télévision et nous détendre.

Mis Bett isch in mim gmüetliche Schlafzimmer, und ich lieb mini flauschige Chisse.

Mon lit se trouve dans ma chambre confortable et j'aime mes oreillers moelleux.

Mama kocht üs jede Tag leckeri Mahlzeite in dr Chuchi.

Chaque jour, maman nous prépare de délicieux repas dans la cuisine.

Dr Badezimmer het e grosse Spiegel, e Duschi und e Bade.

La salle de bains est équipée d'un grand miroir, d'une douche et d'une baignoire.

Mir esse zäme als Familie im Esszimmer z'Nacht.

Nous dînons en famille dans la salle à manger.

D'Waschmaschine und dr Tumbler sind in dr Waschküche.

Le lave-linge et le sèche-linge se trouvent dans la buanderie.

D'Chind hend e Spielzimmer voll mit Spieli und Games.

Les enfants ont une salle de jeux remplie de jouets et de jeux.

D'Oma bleibt im Gästezimmer, wenn sie z'Besuch isch.

Grand-mère reste dans la chambre d'amis lorsqu'elle nous rend visite.

Mir lagered alti Sachen ufem Estrich, wie Fotoalbä und Chleider.

Nous stockons de vieilles choses dans le grenier, comme des albums de photos et des vêtements.

D'Chäller isch es chüls Plätzli zum spiele an heisse Sommertäg.

Le sous-sol est un endroit frais pour jouer pendant les chaudes journées d'été.

Mama het en begehbare Kleiderschrank mit viu Schue und Kleider.

Maman a un grand placard avec beaucoup de chaussures et de vêtements.

Papa stellt dr Auto in dr Garage ab, um es vor em Wätter z'schütze.

Le père garde la voiture dans le garage pour la protéger des intempéries.

Mir hend e chlini Fitnessstub im Gästezimmer ihgrichtet für üsi tägliche Übige.

Nous avons installé une petite salle de sport dans la chambre d'amis pour nos entraînements quotidiens.

D'Wiechchäller isch da, wo mir üsi Sammlig vo edle Wyy lagere.

La cave à vin est l'endroit où nous conservons notre collection de vins fins.

D'Wiechchäller isch da, wo mir üsi Sammlig vo edle Wyy lagere.

La cave à vin est l'endroit où nous conservons notre collection de vins fins.

44. Mobilier

Ich liebe es, jede Nacht uf mim bequeme Bett z'schlafe.

J'aime dormir dans mon lit confortable tous les soirs.

Ich ha es wiichs Chisse, das mim Chopf Unterstützig git, während ich schlof.

J'ai un oreiller moelleux qui soutient ma tête pendant que je dors.

Es wird kalt in dr Nacht, also bruuche ich immer e warmi Deck.

Il fait froid la nuit, c'est pourquoi j'utilise toujours une couverture chaude.

Ich müesst e neui Matratze chaufe.

Je dois acheter un nouveau matelas.

Mini Lieblingsbüecher sind ufem Nachttisch nebs mim Bett.

Je garde mes livres préférés sur la table de nuit à côté de mon lit.

Mini Chleider sind ordentlich gfütet und in dr Kommode verstaut.

Mes vêtements sont soigneusement pliés et rangés dans la commode.

Dr Schrank in mim Zimmer isch voll mit mim Chleider.

L'armoire de ma chambre est remplie de mes vêtements.

Ich gseh mi im Spiegel ah, bevor ich mim Zimmer verlah.

Je me regarde dans le miroir avant de quitter ma chambre.

Ich zieh d'Vorhäng z'Nacht zue, für Privatsphäre und zum Liecht blockiere.

Je ferme les rideaux la nuit pour préserver mon intimité et bloquer la lumière.

Mini Brüll und e Glaas Wasser sind ufem Nachttisch.

Je garde mes lunettes et un verre d'eau sur la table de nuit.

Sauberi Bettwäsche macht s'Bett frisch und ihladend.

Des draps propres rendent le lit frais et accueillant.

Ich ha es Wanduhr in mim Zimmer, um d'Zit im Blick z'ha.

J'ai une horloge murale dans ma chambre pour voir l'heure.

Mini Bücherregal isch gfüllt mit Romanen, Lehrbüecher und meh.

Mon étagère est remplie de romans, de manuels scolaires, etc.

Ich ha en bequeme Stuehl in dr Ecke zum Lese oder Entspanne.

Je dispose d'un fauteuil confortable dans le coin pour lire ou se détendre.

D'Fach in mim Nachttisch het chlisi Sache wie Notizbüecher und Stifte.

Le tiroir de ma table de nuit contient de petits objets tels que des cahiers et des stylos.

45. Salle de bains

Ich ha mini Zahnbürschtel im Halters ufem Badezimmerschrank.

Je range ma brosse à dents dans le support sur le comptoir de la salle de bains.

Sorg däfür, dass du's Zahnpaste usem Undereteil vo dr Tube drücksch.

Veillez à presser le dentifrice par le bas du tube.

Dr Seifespänder näbem Waschbecken isch mit Flüssigseife gfüllt.

Le distributeur de savon situé près de l'évier est rempli de savon liquide.

Ds neui Schampu, wo ich kaufet ha, het es erfrischends Aroma.

Le nouveau shampooing que j'ai acheté a un parfum rafraîchissant.

I ha's nasse Tüechli nach mim Dusche ufem Ständer ufgghänkt, zum trockne.

J'ai accroché la serviette mouillée à la grille pour qu'elle sèche après ma douche.

Dr Hoorföhn isch in dr oberste Schublad vom Badezimmerschrank.

Le sèche-cheveux se trouve dans le tiroir supérieur de l'armoire de la salle de bains.

I wächsle s'Toilettepaper, wenn's tief isch.

Je change le papier hygiénique lorsqu'il n'y en a plus.

Ds Badezimmerspiegel isch super, um diä Usseh z'checke.

Le miroir de la salle de bains est idéal pour vérifier votre apparence.

D'Schouchvorhang verhindert, dass Wasser ufem Bode spritzt.

Le rideau de douche empêche l'eau d'éclabousser le sol.

Ich müesst e neui Rasiermaschine kaufe.

Je dois acheter un nouveau rasoir.

Trag Rasierschaum uf, bevor du d'Rasierer verwendisch, für e glatteri Rasur.

Appliquez la crème à raser avant d'utiliser le rasoir pour un rasage plus doux.

Drehe dr Wasserhahn, um d'Temperatur aazpasse.

Tournez le robinet pour régler la température de l'eau.

I entsorg benutzti Sachen im Abfallchübel im Badezimmer.

Je jette les articles usagés dans la poubelle de la salle de bains.

Ich bruuche d'Waage, um mein Gwicht regelmässig z'prüefe.

J'utilise la balance pour vérifier mon poids régulièrement.

Ich verwend e Lufterfrischer, um es angenehms Duft im Badezimmer z'ha.

J'utilise un désodorisant pour maintenir un parfum agréable dans la salle de bains.

46. Chambre à coucher

Ich lieb mini bequemi Bett; es isch so gemütlich.

J'aime mon lit douillet, il est si confortable.

Er schloft gern mit zwei Chissen.

Il aime dormir avec deux oreillers.

Mir hend e warmi Deck, um üs nachts warm z'halte.

Nous avons une couverture chaude pour nous réchauffer la nuit.

I wächsle d'Bettwäsche regelmässig.

Je change les draps régulièrement.

Er het sini Brüll ufem Nachttisch, bevor er is Bett goht.

Il garde ses lunettes sur la table de nuit avant de s'endormir.

I verwend e wiiche Lampe zum Lese vor em Schlafgo.

J'utilise une lampe douce pour lire avant de me coucher.

Sie stells d'Wäcker, um rechtzeitig für d'Arbeit ufwacht z'si.

Elle règle le réveil pour être à l'heure au travail.

Mir hänge üsi Chleider ordentlich uf Hängere.

Nous suspendons soigneusement nos vêtements sur des cintres.

Ich bewahre mini Schue im Schrank uf, um sie organisiert z'ha.

Je range mes chaussures dans le placard pour qu'elles soient bien organisées.

Sie zieht d'Vorhäng am Morge uf, um's Sunneli iilosse.

Le matin, elle ouvre les rideaux pour laisser entrer la lumière du soleil.

Mir hend e wiiche Teppich nah beim Bett.

Nous avons un tapis moelleux près du lit.

Er het sini Lieblingsbüecher ufem Büecherregal.

Il garde ses livres préférés sur l'étagère.

I ha e Leseleuchti nebs em Bett zum Abiglese.

J'ai une lampe de lecture près du lit pour lire le soir.

Ich ha en bequeme Stuehl im Schlafzimmer zum Entspanne.

J'ai un fauteuil confortable dans la chambre pour me détendre.

Ich bewahre mini Schmuck in ere chline Schachtel ufem Schminktisch.

Je garde mes bijoux dans une petite boîte sur la commode.

47. Louer un appartement

I ha en Mietvertrag für en Wohnung underzeichnet.

J'ai signé un bail pour un appartement.

Dr Vermieter isch dafür verantwortlich, allfälligi Unterhaltsprobleme z'regle.

Le propriétaire est responsable de la résolution des problèmes d'entretien.

Mis Mieter het d'Schlüssel under däm Teppich verlah.

Mon locataire a laissé les clés sous le tapis.

Sorg dafür, dass du de Mietvertrag liests, bevor du yziehsch.

Lisez bien le bail avant d'emménager.

D'Sicherheitskaution wird zrugggezahlt, wenn du usziehsch.

Le dépôt de garantie vous sera restitué lors de votre départ.

D'Miet isch am erschte vo jedem Monet fällig.

Le loyer mensuel est dû le premier du mois.

Nebenkoste wie Strom und Wasser sind nid im Mietpreis inbegriffe.

Les services tels que l'électricité et l'eau ne sont pas inclus dans le loyer.

Es wird en Einzugsinspektion geh, um allfälligi bestehendi Schäde z'bestimme.

Une inspection sera effectuée lors de l'emménagement afin de déterminer les éventuels dommages existants.

Überprüf's mit em Vermieter, bevor du d'Wohnig a e Andere untermietsch.

Vérifiez auprès du propriétaire avant de sous-louer l'appartement à quelqu'un d'autre.

Mir überlege üs, de Mietvertrag für no es Jahr z'verlängere.

Nous envisageons de renouveler le bail pour une année supplémentaire.

Er het d'Miet nid bezahlt und isch uszoge.

Il n'a pas payé le loyer et a été expulsé.

D'Siedlig het super Annehmlichkeite, inklusiv em Pool und em Fitnessstudio.

Le complexe dispose de nombreux équipements, notamment une piscine et une salle de sport.

Die Wohnung wird möbliert sii.

L'appartement sera meublé.

Es git e Kündigigsfrist vo 30 Täg vor em Uszug.

Vous devez respecter un préavis de 30 jours avant de déménager.

D'Nahberschaft isch ruhig und sicher.

Le quartier est calme et sûr.

48. Voyage

Üsi Traumdestination isch e tropische Insel mit witte Sandstränd.

Notre destination de rêve est une île tropicale avec des plages de sable blanc.

Vergiss nid, dis Ticket z'validiere!

N'oubliez pas de valider votre billet !

Mis Passport lauft im Dezember ab.

Mon passeport expire en décembre.

Überprüf, ob du e Visa bruchsch, bevor du in es fremds Land reischt.

Vérifiez si vous avez besoin d'un visa avant de vous rendre dans un pays étranger.

Ich ha grad en Online-Reservation für en Flug gmacht.

Je viens de faire une réservation en ligne pour un vol.

Pak nur d'Notwendigschte, um diini Reis bequemer z'mache.

N'emportez que l'essentiel pour rendre votre voyage plus confortable.

Es isch en gueti Idee, d'Währig z'wechsle, bevor du abereischt, um jeglichi Unannehmlichkeite z'vermeide.

Il est conseillé de changer de monnaie avant de partir pour éviter tout désagrément.

Überprüf de aktuelle Währigschwankige, um z'seh, wieviu lokal Währig du für dis Geld bechunsch.

Vérifiez le taux de change actuel pour savoir combien de monnaie locale vous obtiendrez pour votre argent.

Als Tourist nimm dir Zit, um d'lokale Kultur und Traditione z'erkunde.

En tant que touriste, prenez le temps de découvrir la culture et les traditions locales.

Nutze e Reiseführer, um d'beschte Attraktione und Restaurants in dere Gegend z'finde.

Utilisez un guide pour trouver les meilleures attractions et les meilleurs restaurants de la région.

Plan din Reis vorus, um d'Situazion optimal usznütze.

Planifiez votre itinéraire à l'avance pour profiter au maximum de votre temps de voyage.

Kauf en schöne handgmachte Souvenir, um diinen Besuch in dere historische Stadt z'erinnere.

Achetez un beau souvenir fait à la main pour vous rappeler votre visite dans la ville historique.

Dr Eiffelturm isch e berühmts Wahrzeiche in Paris.

La Tour Eiffel est un monument célèbre à Paris.

49. Demander des instructions

Folg d'Schilder in Richtung Stadtzentrum.

Suivez les panneaux indiquant la bonne direction pour le centre ville.

Nach zwei Block, bieg bi dr Verkehrsampel links ab, um zum Park z'komme.

Après deux pâtés de maisons, tournez à gauche au feu de signalisation pour atteindre le parc.

Fahr uf dere Strass witer und geh grad us, bis du dr groß blau Gebäude uf drä rechte Siite gsehsch.

Continuez dans cette rue et allez tout droit jusqu'à ce que vous voyiez le grand bâtiment bleu sur votre droite.

Bieg links bi dr Ecke ab und du findsch dr Lebensmittellade es Block witer.

Tournez à gauche à l'angle et vous trouverez l'épicerie à un pâté de maisons.

Wenn du d'Bibliothek verpassisch, bisch du z'wiit gange; bieg bi dr nächschte Kreuzung rechts ab.

Si vous passez devant la bibliothèque, vous êtes allé trop loin ; tournez à droite au prochain carrefour.

D'Hotel isch bi dr Kreuzung vu dr Hauptstrooss und dr Oak-Avenue.

L'hôtel se trouve à l'intersection de Main Street et Oak Avenue.

D'Kreuzung isch belebt, also gib Acht bi dr Überquerig.

Le carrefour est très fréquenté, soyez donc prudent lorsque vous traversez.

Wart bis d'Ampel uf Grün umschaltet, bevor du rechts abbiegsch.

Attendez que le feu passe au vert avant de tourner à droite.

Dr Museums isch uf dä gliiche Strass wie d'Post, nur es paar Gebäude witer.

Le musée se trouve dans la même rue que le bureau de poste, quelques bâtiments plus bas.

Geh di zur Buumallee ab und du findsch ds Café uf di linker Siite.

Descendez l'avenue bordée d'arbres et vous trouverez le café sur votre gauche.

Geh zwei Block witer und bieg rechts ab, um d'Bushaltestell z'finde.

Marchez deux rues et tournez à droite pour trouver l'arrêt de bus.

D'Bäckerei isch an dr Ecke vu dr Elm-Stross und dr Pine-Avenue.

La boulangerie est située à l'angle de la rue Elm et de l'avenue des Pins.

Dr Kreisel isch en effiziente Weg, um de Verkehr in dr Innenstadt z'navigiere.

Le rond-point est un moyen efficace de s'orienter dans le trafic du centre-ville.

Schau uf dä Plan, um d'Schnällsti Route zum Bahnhof z'finde.

Consultez le plan pour trouver l'itinéraire le plus rapide vers la gare.

50. Faire du vélo

Ich fahr mit em Velo in d'Schuel.

Je vais à l'école à vélo.

Benutz dini Füess, um ds Velo vorwärts z'pedale.

Utilisez vos pieds pour pédaler et faire avancer le vélo.

Halt d'Lenkstange, um ds Velo in d'Richtig z'steuere.

Tenez le guidon pour diriger le vélo dans la bonne direction.

Ich trag immer en Helm, wenn ich Velo fahr.

Je porte toujours un casque lorsque je fais du vélo.

Schalt d'Gänge, um's Pedalierä uf Berg chönne z'verächtige.

Changez de vitesse pour faciliter le pédalage dans les montées.

Halt dis Velo-Chett gut g'schmiert, für en ruhige Tritt.

Gardez votre chaîne de vélo bien lubrifiée pour un pédalage en douceur.

Benutz d'Bremsen leicht, um ds Velo z'verlangsamen oder stoppe.

Appliquez légèrement les freins pour ralentir ou arrêter le vélo.

Überprüf dr Luftdruck vor em Fahre.

Vérifiez la pression des pneus avant de rouler.

Dr voreri Rad hilft dir z'steuere, während dr hinteri Rad durchs Pedalierä agetriebe wird.

La roue avant vous aide à vous diriger, tandis que la roue arrière est actionnée par le pédalage.

Stell d'Höchi vo dr Sattel a, für en bequemi Sitzposition.

Réglez la hauteur de la selle pour une position de conduite confortable.

Dr Rahme isch d'Hauptstruktur vo dim Velo.

Le cadre est la structure principale de votre vélo.

Benutz d'Glögg, um anderi z'warnä, wenn du di nächerisch.

Utilisez la cloche pour avertir les autres de votre approche.

Benutz en Pump, um d'Reife ufz'pumpe, wenn si flach sind.

Utilisez une pompe pour gonfler les pneus lorsqu'ils sont à plat.

Fahr mit dim Velo uf em Velo-Wäg für d'Sicherheit.

Roulez sur la piste cyclable pour plus de sécurité.

Benutz d'Hinterbauschtütze, um ds Velo ufrächt z'haute, wenns parkt isch.

Utilisez la béquille pour maintenir le vélo en position verticale lorsqu'il est garé.

51. Voitures

Ich han d'Maschine gstartet und bin zum Laden gfahre.

J'ai démarré le moteur et j'ai conduit jusqu'au magasin.

Si het en Platte am Weg zur Arbeit bemerkt.

Elle a remarqué un pneu crevé sur le chemin du travail.

Er het ufd Bremsen gstammt, um a dr rote Liecht z'stoppe.

Il a freiné pour s'arrêter au feu rouge.

Mir hend d'Benzintank ufgfüllt, bevors uf d'Autobahn ga sind.

Nous avons fait le plein avant de prendre l'autoroute.

Mis Auto het wenig Kilometerstand.

Ma voiture a un faible kilométrage.

Si het d'Lichthaube igschaltet, als es dunkel worde isch.

Elle a allumé les phares à la tombée de la nuit.

Hani de Rückspiegel aapasset, für e besseri Sicht.

Ajustement du rétroviseur pour une meilleure visibilité.

Hani d'Klimaanlag igschaltet, um's Auto z'kühle.

Il a mis en marche le climatiseur pour refroidir la voiture.

Benutz immer d'Sicherheitsgurte für d'Sicherheit.

Pour votre sécurité, utilisez toujours votre ceinture de sécurité.

I ha mi Unterlage im Handschuechfach.

Je conserve mes documents dans la boîte à gants.

Überprüf di Seitesspiegel, bevor du d'Spur wächselsch.

Vérifiez votre rétroviseur latéral avant de changer de voie.

Ich ha mi erleichtert gfühlt, z'wüsse, dass de Airbag mi schützt.

J'étais soulagée de savoir que l'airbag me protégerait.

Er het versehentlich d'Suto vor ihm am Parkplatz afaahre.

Il a accidentellement heurté la voiture qui le précédait dans le parking.

Sorg dr dafür, dass du d'Türe richtig schliesch.

Veillez à fermer correctement la porte de la voiture.

Ich ha d'Handbremse zoge, als ich uf em Hügel parkiert han.

J'ai tiré le frein d'urgence en me garant dans la colline.

52. Voyager en bus

Ich nimm dr Bus zur Arbeit jede Tag.

Je prends le bus pour aller travailler tous les jours.

Sorg dr dafür, dass du es Billett choufsch, bevor du id Bus igisch.

N'oubliez pas d'acheter un billet avant de monter dans le bus.

Dr Busfahrplan zeigt a, wenn dr Bus achoo und abfahre soll.

L'horaire des bus indique les heures d'arrivée et de départ des bus.

Dr Bus folgt em spezifische Fahrplan.

Le bus suit un itinéraire précis.

Ich mues bi dr nächschte Halt usstiege.

Je dois descendre au prochain arrêt.

Busse starte oder endige ihre Fahrt oft biere am Busbahnhof.

Les bus commencent ou terminent souvent leur voyage dans une gare routière.

Istiege in dr Bus isch eifach; zeig em Chauffeur einfach dis Billett.

Pour monter dans le bus, rien de plus simple : il suffit de présenter votre billet au chauffeur.

Dr Busabfahrt isch um 10 Minute verzöget.

Le départ du bus est retardé de 10 minutes.

Dr Bus sött um 15:00 erwartet werde.

L'arrivée du bus est prévue à 15h00.

Dr Chauffeur isch verantwortlich für d'Sicherheit vo de Fahrgäscht.

Le conducteur est responsable de la sécurité du transport des passagers.

Dr Fahrpreis für es Einzelticket isch $2.

Le tarif pour un aller simple est de 2 $.

Wenn du Busse wiächsle muesch, bruuchsch vielleicht e Umstiegsbillett.

Si vous devez changer de bus, vous aurez peut-être besoin d'un billet de correspondance.

Überprüf de Fahrplan, um z'seh, wenn dr nächschte Bus achoo wird.

Consultez l'horaire pour savoir quand le prochain bus arrivera.

Busse sind wichtigi Mittel für öffentliche Verkehr.

Les bus sont un moyen de transport public important.

Busse mache d'Pendle zur Arbeit oder is Schuel bequem.

Les bus facilitent les déplacements entre le domicile et le lieu de travail ou d'études.

53. Voyager en train

Ich ha en Bus bi dr Haltestell in dr Nächi vo mim Huus gno und bin zum Stadtmitti gfahre.

J'ai pris un bus de l'arrêt de bus près de chez moi jusqu'au centre ville.

Sorg dr dafür, dass du uf em richtige Perron uf d'Zug wartisch.

Assurez-vous que vous attendez votre train sur le bon quai.

Ich ha de Zugfahrplan überprüft, um d'bescht Zit zum Reise z'finde.

J'ai consulté les horaires des trains pour trouver le meilleur moment pour voyager.

Dr Fahrpreis isch für e Einzelfahrkarte fair.

Le prix est raisonnable pour un billet de train aller simple.

Dr Buschauffeur isch verantwortlich, de Bus sicher bis zem Ziel z'fahre.

Le chauffeur de bus est responsable de la conduite du bus en toute sécurité jusqu'à sa destination.

Dr Kondukteur überprüft d'Tickets und hilft de Passagiere während em Trip.

Le conducteur vérifie les billets et assiste les passagers pendant le voyage.

Mir hend e bequeme Abteil im Zug für üsere Trip gfunde.

Nous avons trouvé un compartiment confortable dans le train pour notre voyage.

Üsere Zug fahrt um 14:30 ab.

Notre train part à 14h30.

Ich muesst uf en andere Zug umsteige, um zum endgültige Ziel z'komme.

J'ai dû prendre un autre train pour atteindre ma destination finale.

Dr Zug het ausgezeichneti Verbindige zu verschiedene Städt in dr Region.

Le train offre d'excellentes liaisons avec différentes villes de la région.

Mis Route inkludiert Halt in drü verschiedene Städt.

Mon itinéraire prévoit des arrêts dans trois villes différentes.

Passagiere sötte uf em Perron si, wenn dr Zug achoo wird.

Les passagers doivent être sur le quai à l'arrivée du train.

Dr Regionalzug hält bi jeder Station.

Le train local s'arrête à chaque station.

Dr Ticketinspektor het üsi Tickets während em Trip überprüft.

Le contrôleur a vérifié nos billets pendant le voyage.

Dr Zug isch ca. 5 Minute verzöget.

Le train a un retard d'environ 5 minutes.

54. Transport aérien

Ich werde di am Flughafe träffe.

Je vous retrouverai à l'aéroport.

Einischieße fangt in 30 Minute ah.

L'embarquement commencera dans 30 minutes.

Dr Abflug isch um 14:00 Uhr.

L'heure de départ est 14h00.

Für internationale Flügge bruchsch dis Pass.

Vous aurez besoin de votre passeport pour les vols internationaux.

Er musst durch d'Sicherheitskontrolle, bevor er i d'Einsteigezone darf.

Il a dû passer par la sécurité avant d'entrer dans la zone d'embarquement.

Wenn du in e neus Land achoosch, muesch du Zoll abkläre.

Vous devrez passer la douane lorsque vous arriverez dans un nouveau pays.

Ich ha mich online ihgcheckt, um Zit am Flughafe z'spare.

Je me suis enregistré en ligne pour gagner du temps à l'aéroport.

Ha di Boarding-Pass parat.

Préparez votre carte d'embarquement.

Du chasch während dim Flug chlii Turbulenze erlebe.

Il se peut que vous subissiez des turbulences pendant votre vol.

Mis Flug isch um zwöi Stunde verzöget gsii.

Mon vol a été retardé de deux heures.

Mir hend en churze Umstiegszit in Chicago.

Nous avons une courte escale à Chicago.

Triff mi bi de Terminal nachem Lände.

Retrouvez-moi au terminal à l'atterrissage.

Dr Flieger rollt grad über d'Landebahn.

L'avion roule sur la piste.

Dr Pilot git Aktualisierige während em Flug.

Le pilote fournit des mises à jour pendant le vol.

Ruef en Flugbegleiter, wenn du Hilf bruchsch.

Appelez un agent de bord si vous avez besoin d'aide.

55. À l'hôtel

Ich ha ahgrüefe und en Zimme reserviert.

J'ai appelé et réservé une chambre.

Mir chönd is Hotel iichecke, nachdem es 15:00 Uhr isch.

Nous pouvons nous enregistrer à l'hôtel après 15 heures.

Mir müend bis morge um 11:00 Uhr uschecke.

Nous devons quitter l'hôtel avant 11 heures demain.

Üsers Zimme het zwei Betten und en Fernseher.

Notre chambre dispose de deux lits et d'une télévision.

D'Schlüsselkart öffnet d'Tür zu üsem Zimme.

La carte-clé ouvre la porte de notre chambre.

Im Hotel git's es Schwimmbad und en Fitnessraum für d'Gäste.

L'hôtel dispose d'une piscine et d'une salle de sport.

Mir chönd übers Hotel-Wi-Fi mit em Internet verbunde si.

Vous pouvez vous connecter à Internet en utilisant le Wi-Fi de l'hôtel.

Ich ha Essen bstellt und mir's uf's Zimme liefer la.

J'ai commandé de la nourriture et je l'ai fait livrer dans ma chambre.

Frag nach em Abreise d'Rechnig.

Demandez la facture au moment du départ.

Bring das Papier mit, wo draufsteit, dass mir es Zimme reserviert hend.

Apportez le papier qui indique que nous avons réservé une chambre.

Mir hend es Zimme mit emene Kingsize-Bett reserviert.

Nous avons réservé une chambre avec un grand lit.

Lueg no, ob mir d'Reservierung im Notfall abmache chönd.

Voyez si nous pouvons annuler la réservation si nécessaire.

Mir chönd am Zmorgebüffet verschiedene Sachen ässe.

Nous pouvons manger différents aliments au buffet du petit-déjeuner.

Überprüef, was anderi Lüt über's Hotel säged, bevor mir reserviere.

Vérifiez ce que d'autres personnes disent de l'hôtel avant de réserver.

Du chasch di wertvolle Sachen im Zimmersafe für d'Sicherheit ufhebe.

Vous pouvez conserver vos objets de valeur dans le coffre-fort de la chambre pour plus de sécurité.

56. L'école

Ich gang jede Tag is Schul.

Je vais à l'école tous les jours.

Mir lehre inere Klass mit üsem Lehrer.

Nous étudions dans une salle de classe avec notre professeur.

Üser Lehrer hilft üs, Neus z'lehre.

Notre professeur nous aide à apprendre de nouvelles choses.

Ich bin en Schüler im dritte Schueljahr.

Je suis un élève de troisième année.

Mir hend no Hausaufgabe nach em Schuel.

Nous avons des devoirs à faire après l'école.

Mir benutze Lehrbücher, um verschidni Fächer z'lehre.

Nous utilisons des manuels pour apprendre différentes matières.

Ich bruch en Bleistift, um in mim Heft z'schribe.

J'ai besoin d'un crayon pour écrire dans mon carnet.

Ich schribe mini Notize und Hausaufgabe in es Heft.

J'écris mes notes et mes devoirs dans un carnet.

Ich trag mini Büecher im Rucksack.

Je transporte mes livres dans mon sac à dos.

Mir chönd Büecher us dr Schulbibliothek uslehne.

Nous pouvons emprunter des livres à la bibliothèque de l'école.

Dr Schuldirektor isch für d'Schuel verantwortlich.

Le directeur est responsable de l'école.

Einigi Schulen hend e Schulkleidung, wo d'Schüler alegged.

Certaines écoles ont un uniforme que les élèves doivent porter.

Mir hend Prüefige, um z'überprüefe, was mir glert hend.

Nous avons des tests pour vérifier ce que nous avons appris.

Lehrer geh üs Note, um z'zeigt, wie guet mir sind.

Les enseignants nous donnent des notes pour nous montrer comment nous nous débrouillons.

Er isch bi ere Prüefig in Thermodynamik duregfalle.

Il a échoué à un examen de thermodynamique.

57. Matières scolaires

Mathe isch mini Liiblingsfach in dr Schuel.

Les mathématiques sont ma matière scolaire préférée.

Biologie lehrt üs über lebendi Organismen.

La biologie nous apprend à connaître les organismes vivants.

D'Verstah vo chemische Reaktione isch in dr Chemie wichti.

Comprendre les réactions chimiques est important en chimie.

Physik hilft d'Löi z'explore, wo's im Universum git.

La physique permet d'expliquer les lois qui régissent l'univers.

Geographie hilft mer, globale Landschafte z'verstah.

La géographie m'aide à comprendre les paysages mondiaux.

Ich bin fasziniert vo dr Gschicht vo alte Zivilisatione.

Je suis fasciné par l'histoire des anciennes civilisations.

Sport halt mi in Bewegig.

L'éducation physique me permet de rester actif.

Ich lerne Spanisch als Fremdsproch.

J'étudie l'espagnol comme langue étrangère.

Programmier und Codiere ghöret zur Informatik.

Le codage et la programmation font partie de l'informatique.

Klavier spiele isch Teil vo mine Musiglektione.

Apprendre à jouer du piano fait partie de mes cours de musique.

Wirtschaft lerne zeigt üs Finanzsysteme.

L'étude de l'économie nous apprend à connaître les systèmes financiers.

Mir diskutiere Umweltthema in dere Naturwissenschaft.

Dans ce cours de sciences, nous abordons les questions environnementales.

Über Ernährig lerne isch en Teil vo dr Gsundheitserziehung.

L'apprentissage de la nutrition fait partie de l'éducation à la santé.

Psychologie hilft üs, menschlichs Verhalte und d'Gedanke z'verstah.

La psychologie nous aide à comprendre le comportement humain et l'esprit.

In dr Philosophie denke mer über d'grundlegendi Natur vo dr Existenz noch.

En philosophie, nous contemplons la nature fondamentale de l'existence.

58. Fournitures scolaires

Ich verwende unterschiedlichi Hefte für jedes Fach, um organisiert z'bleibe.

J'utilise des cahiers différents pour chaque matière afin de rester organisée.

Ich ha immer es paar Stifte im Rucksack für schnelli Notize.

J'ai toujours quelques stylos dans mon sac à dos pour prendre des notes rapides.

Bleistift sind wesentlich für Mathe und zum Zeichne.

Les crayons sont indispensables pour les mathématiques et le dessin.

Ich verwende Leuchtstifte, um wichtigi Informatione in mine Lehrbüecher z'markiere.

J'utilise des surligneurs pour marquer les informations importantes dans mes manuels.

Radiergummis sind praktisch zum Korrigiere vo Fähler uf mim Hüsli.

Les gommes sont très utiles pour corriger les erreurs sur mes devoirs.

Ich ha mini Klassnotize in separate Ordner organisiert.

Je conserve mes notes de cours dans des classeurs séparés.

Mis Rucksack het alli Schulsache und Büecher drin.

Mon sac à dos contient toutes mes fournitures scolaires et mes livres.

Es Rechenmaschine isch nützlich zum Löse vo Matheprobleme.

Une calculatrice est utile pour résoudre les problèmes mathématiques.

Ich verwende en Lineal, um grad Linie z'ziehe in mine Zeichnige und Diagramme.

J'utilise une règle pour tracer des lignes droites dans mes dessins et mes schémas.

Schere sind praktisch zum Usschneide vo Bilder oder zum Bastle.

Les ciseaux sont utiles pour découper des images ou faire des travaux manuels.

Ich verwende Chleber, um Bilder a Projekte z'hefte.

J'utilise de la colle pour fixer des images sur mes projets.

Dr Tacker isch wesentlich zum Zämehefte vo mine Papiere.

L'agrafeuse est essentielle pour garder mes papiers organisés.

Büroklammer hälfe mer, mini Papiere z'zämehalte.

Les trombones m'aident à garder mes papiers ensemble.

Ordner helfe mer, lose Blätter in mim Rucksack z'organisiere.

Les chemises m'aident à organiser les papiers en vrac dans mon sac à dos.

Ich verwende es Whiteboard zum Brainstorme und für schnelli Notize.

J'utilise un tableau blanc pour le brainstorming et les notes rapides.

59. Mathématiques

I löse gärn Additionsufgabe wie 2 plus 3.

J'aime résoudre des problèmes d'addition comme 2 plus 3.

Subtraktion isch, wenn m'r wegnimmt, z. B. 8 minus 5.

La soustraction consiste à enlever quelque chose, comme 8 moins 5.

Multiplikation isch wiederholti Addition, wie 4 mal 6.

La multiplication est une addition répétée, comme 4 fois 6.

Division isch fürs Gruppierä, z. B. 10 ÷ 2.

La division sert à regrouper, comme 10 ÷ 2.

Löse d Glichig 3 + x = 7, um dä Wert vo x z'finde.

Résolvez l'équation 3 + x = 7 pour trouver la valeur de x.

I de Mathematik wird e Variable oft durch e Buchschtabe dargestellt, wie "a".

En mathématiques, une variable est souvent représentée par une lettre, comme "a".

Die Formel für d Flächi vo ere Rechteck isch Längi mal Breiti.

La formule pour calculer la surface d'un rectangle est la suivante : longueur multipliée par largeur.

Fünf isch mini Lieblingszahl.

Cinq est mon chiffre préféré.

E Bruch isch es Teil vo em Ganzä.

Une fraction est une partie d'un tout.

E Dezimalzahl isch es Mittel, Teili vo em Ganzä uszdrücke, wie 0,75.

Une décimale permet d'exprimer les parties d'un tout, comme 0,75.

D'Analysis hilft üs, Veränderigsräte und Bewegige z'verstah.

Le calcul nous aide à comprendre les taux de changement et de mouvement.

E Funktion setzt e Igab mit ere Usgab in Beziehung, wie z. B. f(x) = 2x.

Une fonction relie une entrée à une sortie, par exemple f(x) = 2x.

E Exponent git aa, wie oft e Zahl mit sich selber multipliziert wird, wie 2^3.

Un exposant indique combien de fois un nombre est multiplié par lui-même, comme 2^3.

D'Quadratwurzel vo 9 isch 3.

La racine carrée de 9 est 3.

E Verhältnis vergleicht d'Größä vo zwei Größä, wie z. B. 3:1.

Un rapport compare l'ampleur de deux quantités, par exemple 3:1.

60. Formes

Dä Bilderrahme an dr Wand isch e Rechteck.

Le cadre photo accroché au mur est un rectangle.

Dr Tisch het e quadratischi Obefflächi.

La table a un plateau carré.

Das Dach vom Huus isch trapezförmig.

Le toit de la maison est trapézoïdal.

D Pizza uff em Teller isch e Kreis.

La pizza sur l'assiette est un cercle.

D'Getränkedos isch e Zylinder.

La canette de soda est un cylindre.

D'Verkehrshüetchä sind orange und spitzzue.

Le cône de signalisation est orange et pointu.

Das Buch im Regal isch e Parallelogramm.

Le livre posé sur l'étagère est un parallélogramme.

Dä Teppich im Wohzimmer isch rechteckig.

La moquette du salon est rectangulaire.

Dä Esstisch het e kreisförmigi Glasplatte.

La table de salle à manger est dotée d'un plateau circulaire en verre.

Dä Park het e quadratische Brunne in dr Mitte.

Le parc est doté d'une fontaine carrée en son centre.

Das Gmälde hängt horizontal über em Sofa.

Le tableau est suspendu horizontalement au-dessus du canapé.

D'Fahne isch hoch und vertikal.

Le mât est haut et vertical.

Das Hemd, wo ich kauf han, het blaui und wiissi Streife.

La chemise que j'ai achetée est à rayures bleues et blanches.

D'Picknickdecki isch kariert.

La couverture de pique-nique est à carreaux.

Dr Marienkäfer het schwarzi Punkte uf sim rote Rücke.

La coccinelle a des points noirs sur son dos rouge.

61. Université

Ich bsuech d'Universität, um en höcheri Bildig z'verfolgä.

Je suis inscrit à l'université pour poursuivre des études supérieures.

Ich schaff uf en Abschluss in Psychologie hi.

Je prépare un diplôme en psychologie.

Mis Hauptfach isch Informatik mit em Schwerpunkt Programmiere.

Ma spécialité est l'informatique, avec une concentration en programmation.

Professore erteile Vorläsige an dr Universität.

Les professeurs donnent des cours à l'université.

D akademischi Jahr het zwei Semester.

L'année académique comporte deux trimestres.

Ich ha en Auftrag z'fertige für mis Literaturfach.

J'ai un travail à faire pour mon cours de littérature.

Ich verbring Ziit mit Recherche für mis Thesis-Projäkt.

Je passe du temps à faire des recherches pour mon projet de thèse.

Es schriftlich Thesis isch en Voraussetzig fürs Abeschluss.

La rédaction d'une thèse est une condition d'obtention du diplôme.

Ich bsuech Vorläsige, um vo Expertä uf em Gebiet z'lehre.

J'assiste à des conférences pour apprendre des experts dans le domaine.

Mir hend Endprüefige am Endi vum jede Semester.

Nous avons des examens finaux à la fin de chaque semestre.

Dr Universitätscampus isch gross und het vil Gebäude.

Le campus de l'université est vaste et comporte de nombreux bâtiments.

Ich studeeri oft in dr Universitätsbibliothek.

J'étudie souvent à la bibliothèque de l'université.

Einigi Studänt läbe iere Studentenwohnig oder im Wohnheim.

Certains étudiants vivent dans un dortoir ou une résidence.

D Studiogebühr deckt d'Koste für d Bildig.

Les frais de scolarité couvrent le coût de l'éducation.

Ich ha e Stipendium für mi akademischi Erfolg erhalte.

J'ai reçu une bourse pour mes résultats scolaires.

62. Domaines d'études

Si studiert Betriebswirtschaftslehre, um z'lehre, wie m'r e Betrieb führt.

Elle étudie l'administration des affaires pour apprendre à gérer une entreprise.

Psychologie isch d'Untersuechig vom mänschliche Verhalte.

La psychologie est l'étude du comportement humain.

Vili Studänt wähle Chrankeschwester als Hauptfach, um sich uf e Karriere im Gsundheitswese vorzbereite.

De nombreux étudiants choisissent la filière infirmière pour se préparer à une carrière dans les soins de santé.

Politikwissenschafts-Studiänt analysiere oft Regierigsstrukture und -politik.

Les étudiants en sciences politiques analysent souvent les structures et les politiques gouvernementales.

Rechnigswäse-Studiänt fokussiere sich uf d Finanzbuchhaltig und -analyse.

Les étudiants en comptabilité se concentrent sur la tenue et l'analyse des registres financiers.

Soziologie isch d'Untersuechig vo dr Gsellschaft.

La sociologie est l'étude de la société.

Kommunikations-Studiänt entwickele Fähigkeite i effektiver schriftlicher und mündlicher Usgab.

Les étudiants en communication développent des compétences en matière d'expression écrite et orale efficace.

Gschichtsstudiänt tuech eintauche i di Vergangeheit, um Ereignis und irer Bedütig z'verstah.

Les étudiants en histoire se plongent dans le passé pour comprendre les événements et leur signification.

Umweltwissenschafts-Studiänt erforsche Wäge, um de Planet z'schütze.

Les étudiants en sciences de l'environnement explorent les moyens de protéger la planète.

Ingenieurstudiänt wendige wissenschaftlichi Prinzipie a, um System z'entwickle und z'baue.

Les étudiants en ingénierie appliquent des principes scientifiques pour concevoir et construire des systèmes.

Studiänt vo öffentlicher Gsundheit fokussiere sich uf d Förderig vom Wohlbefinde vo de Gemeinschafte.

Les étudiants en santé publique se concentrent sur la promotion du bien-être des communautés.

Kunst- und Design-Studiänt drücke ihri Kreativität durch visuelli Medie us.

Les étudiants en art et en design expriment leur créativité à travers les médias visuels.

63. Professions

Ärzte behandle und sorge für d'G'sundheit vo de Patientä.

Les médecins traitent et s'occupent de la santé des patients.

Ingenieure entwerfe und baue verschiedeni Strukture und Systeme.

Les ingénieurs conçoivent et construisent diverses structures et systèmes.

Lehrer unterrichte und führe Schüler in diverse Fächer.

Les enseignants éduquent et guident les élèves dans diverses matières.

Anwälte erteile rechtliche Ratschläg.

Les avocats fournissent des conseils juridiques.

Poliziste erhalted Recht und Ordig ufrecht und sorge für d'öffentlichi Sicherheit.

Les policiers maintiennent l'ordre public et assurent la sécurité des citoyens.

Buchhalter führe finanzielli Aufzeichnige und sorge für G'nauigkeit.

Les comptables tiennent des registres financiers et en garantissent l'exactitude.

Elektriker installiere und repariere elektrischi Ausrüstige.

Les électriciens installent et réparent les équipements électriques.

Installateure arbeited ah Rohre und Armaturä für Wasser- und Gasysteme.

Les plombiers travaillent sur les tuyaux et les installations des systèmes d'eau et de gaz.

Architekte entwerfe Gebäude und Strukture.

Les architectes conçoivent des bâtiments et des structures.

Krankenschwestern sorge für Pfleg und Unterstützig vo de Patientä in G'sundheitsinrichtige.

Les infirmiers fournissent des soins et une assistance aux patients dans les établissements de soins de santé.

Feuerwehrleut rücked us, um Bränd und ander Notfallsituatione z'bewältige und Lüüt z'rette.

Les pompiers interviennent en cas d'incendie et d'autres situations d'urgence pour sauver des vies.

Pilotä betriebe Flugzüg und sorge für sichere Luftreise.

Les pilotes conduisent des aéronefs et assurent la sécurité des voyages aériens.

Zahnärzte konzentriere sich uf mündlichi G'sundheit und behandle Zahnproblem.

Les dentistes se concentrent sur la santé bucco-dentaire et traitent les problèmes dentaires.

Journaliste berichted Nachrichte und Geschichte für verschiedeni Medie.

Les journalistes rapportent des informations et des histoires pour différents médias.

64. Entretien d'embauche

Ich ha en Lebenslauf mit mine Arbeits- und Schulerfahrig.

J'ai fait un CV avec mes antécédents professionnels et scolaires.

Ich ha morn en Vorstellungsgspräch für e Job bi dr Marketingsagentur.

J'ai un entretien d'embauche demain pour un poste à l'agence de marketing.

Dr Arbeitgeber het entschiede, 300 Stelle z'streiche.

L'employeur a décidé de supprimer 300 emplois.

Mi Qualifikatione umfasst e Hochschulabschluss und Computerfähigkeite.

Je suis titulaire d'un diplôme universitaire et j'ai des compétences en informatique.

Ich ha gueti Kommunikationsfähigkeite und chan e Tabellverzeichnis nutze.

J'ai de bonnes compétences en communication et je sais utiliser un tableur.

Ich ha Berufserfahrung vo mim vorige Job im G'schäft.

J'ai de l'expérience professionnelle grâce à mon emploi précédent au magasin.

Ich werde gueti Kleider alegge, wie Hemd und Hosa, fürs Gspräch.

Je porterai de beaux vêtements, comme une chemise et un pantalon, pour l'entretien.

Ich werde em Arbeitgeber en Referenz vo mim alte Chef geh.

Je donnerai à l'employeur une référence de mon ancien patron.

Wenn ich guet mache, chönti ich angstellt werde und nächsti Wuche z'arbeite afa.

Si je me débrouille bien, je pourrais être embauché et commencer à travailler la semaine prochaine.

Si biete e konkurrenzfähigs Gehalt a.

Ils offrent un salaire compétitif.

Dr Job, für de ich mich bewerb, isch en Buchhalter.

L'emploi auquel je postule est celui de comptable.

Ich ha en Bewerbigsbrief gschriebe, wo erklärt, warum ich dä Job wott.

J'ai rédigé une lettre de motivation expliquant pourquoi je veux ce poste.

Einer vo mine Stärke isch, dass ich guet Problem löse chan.

L'un de mes points forts est que je sais résoudre les problèmes.

Ich arbeite dra, mini Schwäche z'verbesserä, was öffentlichs Rede isch.

Je m'efforce d'améliorer mon point faible, à savoir la prise de parole en public.

Ich mags im Team z'arbeite und ich ha im letschte Job im Team gschafft.

J'aime le travail d'équipe et j'ai travaillé en équipe dans mon dernier emploi.

65. Technologie

Vergiss ned, ds Ladegerät izstöcke, bevor dr Akku abgoot.

N'oubliez pas de brancher le chargeur avant que la batterie ne se décharge.

Ds Display vo mim neue Handy isch hell und klar.

L'écran de mon nouveau téléphone est clair et lumineux.

Ich ha en neu App aglade, um mini tägliche Bewegig z'verfolge.

J'ai téléchargé une nouvelle application pour suivre mes exercices quotidiens.

Dr Akku vo mim Handy hält de ganze Tag ohni z'lade.

La batterie de mon téléphone dure toute la journée sans être rechargée.

D'Kamera vo de neuschte Smartphone macht tolli Fotos.

L'appareil photo du dernier smartphone prend d'excellentes photos.

Ich bruuche Kopfhörer, um Musig z'lose ohni anderi z'störe.

J'utilise des écouteurs pour écouter de la musique sans déranger les autres.

Ds Mikrofon vo mim Handy isch klar bi de Telefonate.

Le microphone du téléphone est clair pendant les appels.

Ich ha es USB-Kabel bruucht, um mini Handy z'lade.

J'ai utilisé un câble USB pour charger mon téléphone.

Regelmässigi Software-Updates verbesseret d'Funktionalität vo mine Gerät.

Des mises à jour régulières du logiciel améliorent la fonctionnalité de mes appareils.

Ich zieh es virtuells Tastatur uf mim Smartphone vor.

Je préfère utiliser un clavier virtuel sur mon smartphone.

Ich bruuche e wireless Muus uf mim Laptop für eifachi Navigation.

J'utilise une souris sans fil sur mon ordinateur portable pour faciliter la navigation.

Mim Laptop isch essentiell für Arbeit und Unterhaltig.

Mon ordinateur portable est indispensable pour le travail et les loisirs.

Ich gniesse s'Läse vo E-Büecher uf mim Tablet in mim Freiziit.

J'aime lire des livres électroniques sur ma tablette pendant mon temps libre.

D'Gamekonsole bietet Stunde vo Unterhaltig.

La console de jeux offre des heures de divertissement.

E schnelle Prozessor laht mim Computer flüssig laufe.

Un processeur rapide permet à mon ordinateur de fonctionner sans problème.

66. Littérature

Ich ha grad es spannends Abenteuerroman fertig gläse.

Je viens de terminer la lecture d'un roman d'aventure passionnant.

Si het es schöns Gedicht über d'Natur und ihre Wunder gschriebe.

Elle a écrit un magnifique poème sur la nature et ses merveilles.

Dr Autor vom Buch isch bekannt für s'Schriebe vo fesselnde Mysterie.

L'auteur du livre est connu pour écrire des mystères captivants.

D'Handlig vom Gschicht het sich mit unerwartete Wendige und Drehe entwicklet.

L'intrigue de l'histoire se déroule avec des rebondissements inattendus.

Dr Hauptfigur im Roman het viele Herausforderige gha.

Le personnage principal du roman a dû faire face à de nombreux défis.

Ich lese gärn Büecher im Science-Fiction-Genre.

J'aime lire des livres de science-fiction.

Dr Protagonist vo de Gschicht isch e tapfere junge Detektiv.

Le protagoniste de l'histoire est un jeune détective courageux.

Dr Antagonist het Hinderisse für dr Protagonist gschaffe.

L'antagoniste a créé des obstacles pour le protagoniste.

Ds Konflikt zwüsche de beide Figur het Spannig in d'Gschicht brocht.

Le conflit entre les deux personnages a créé du suspense dans l'histoire.

Dr Dichter het e Metapher brucht, um d'Schönheit vom Sunneuntergang z'beschriebe.

Le poète a utilisé une métaphore pour décrire la beauté du coucher de soleil.

Dr Dialog zwüsche de Figure het ihri Persönlichkeit ufgdeckt.

Le dialogue entre les personnages révèle leur personnalité.

Ds Ich-Erzähl vo de Gschicht het sis persönlichs Erlebnis teilt.

Le narrateur à la première personne a partagé ses expériences personnelles.

D'Gschicht isch us ere einzigartige Ich-Perspektive vertellt worde.

L'histoire est racontée d'un point de vue unique à la première personne.

Ds Schriftsteller-Stil isch poetisch und beschreibend gsi.

Le style d'écriture de l'auteur est poétique et descriptif.

D'lebhafti Bilder in de Text hend e klares Bild in mim Kopf gmalt.

L'imagerie vive du texte m'a permis de me faire une idée précise de la situation.

67. Théâtre

Mir gönd hüt is Theater.

Nous allons au théâtre ce soir.

Dr Schauspiler het eusagragendi Leischtig in dr Hauptrolle abgliefert.

L'acteur a réalisé une excellente performance dans le rôle principal.

Dr Regisseur het d'Crew gfüehrt, um s'Stück zum Läbe z'bringe.

Le metteur en scène a guidé les acteurs pour donner vie à la pièce.

D'Schauspiler hend uf ere wunderschön dekorierte Bühni agträtte.

Les acteurs se sont produits sur une scène magnifiquement décorée.

Dr Drehbuech het d'Dialog und Instruktione für d'Schauspiler gliferet.

Le scénario fournit les dialogues et les instructions aux acteurs.

D'Drama-Szene het d'Aufmerksamkeit vom Publikum uf sich gzooge.

La scène dramatique a retenu l'attention du public.

D'Schauspiler hend iewändigi Chostüme trage, wo zu ihre Figur passt hend.

Les acteurs portaient des costumes élaborés qui correspondaient à leurs personnages.

Ds enthusiaschierte Publikum het nach em letschte Aktt applaudiert.

Le public enthousiaste a applaudi après le dernier acte.

D'Crew het es längeres Probe gha, um ihri Leischtig z'perfektioniere.

Les acteurs ont eu une longue répétition pour parfaire leur performance.

D'Schauspiler hend eusagragendi Leischtig gliefert, wofür sie Lob übercho hend.

Les acteurs ont donné une excellente performance qui a reçu des critiques élogieuses.

D'Komödie het alli vor Lache tränkt.

La comédie a fait rire tout le monde.

D'Trägedii het am Endi d'Zuschauer z'Träne rüehrt.

La tragédie a laissé le public en larmes à la fin.

D'Schauspiler ihri Improvisation het es spontans und lustigs Element hinzuegfüegt.

L'improvisation de l'acteur a ajouté un élément spontané et amusant.

D'Danzszenen sind wunderschön choreografiert gsi.

Les scènes de danse étaient magnifiquement chorégraphiées.

Als begeischterti Theatergänger bsuech ich jedi neui Produktion.

En tant qu'amateur de théâtre, j'assiste à toutes les nouvelles productions.

68. Cinéma

Mir gönd hüt Abe is Kino.

Allons au cinéma ce soir.

Leinwand: D'Leinwand isch so gross, dasch mega spannend!

L'écran : L'écran est si grand qu'il en est excitant !

Wänn fangt de neui Film ah?

À quelle heure commence le nouveau film ?

I kauf immer Popcorn, wenn ich is Kino gang.

Je prends toujours du pop-corn quand je vais au cinéma.

Lue mir vorem Film no chli Snacks.

Prenons un en-cas avant le début du film.

Am Schluss vom Film het s'Publikum applaudiert.

Le public a applaudi à la fin du film.

D'Handlig vom Film isch sehr interessant gsi.

L'intrigue du film est très intéressante.

D'Szene voller Romantik isch mi Lieblingspart gsi.

La scène romantique a été mon moment préféré.

Weli Filmrichtig ziehsch vor - Action oder Komödie?

Quel genre de film préférez-vous - action ou comédie ?

I ha scho viel positivi Bewertige zu dem Film glese.

J'ai lu de nombreuses critiques positives sur ce film.

D'Premiere vom Film isch es Sterneregi gsi.

L'avant-première du film a été marquée par la présence de nombreuses stars.

D'soundtrack verstärkt d'Schtimmig vom Film.

La bande sonore rehausse l'ambiance du film.

I ha ghört, sie mache es Sequel zu dem Film.

J'ai entendu dire qu'ils allaient faire une suite à ce film.

Ds Drehbuech isch guet und spannend gsii.

Le scénario était bien écrit et captivant.

D'Besetzig vom Film isch perfekt gsi.

Le casting du film était parfait.

69. Musique

I lose Musig, während i schaffe.

J'écoute de la musique en travaillant.

Dä neui Song isch mitreissend und macht Spass, mitem z'singe.

Cette nouvelle chanson est entraînante et agréable à chanter.

Mis Liiblingskünstler tritt nächsti Wuche bi eim Konzert uf.

Mon artiste préféré donne un concert la semaine prochaine.

D'Bänd het grad es neus Album veröffentlicht mit tolle Songs.

Le groupe vient de sortir un nouvel album avec d'excellentes chansons.

I mag verschiedene Musigrichtige, vo Pop bis Rock.

J'aime différents types de musique, de la pop au rock.

D'Liedtext vom däm Song isch bedütend und emocional.

Les paroles de cette chanson sont pleines de sens et d'émotion.

D'Melodie vom Piano in däm Song isch wunderschön.

La mélodie du piano dans cette chanson est magnifique.

D'Harmoie vo de Stimmä im Chorus isch beeindruckend.

L'harmonie des voix dans le chœur est impressionnante.

Dä Song macht mich welle tanze.

Cette chanson me donne envie de danser.

D'Rhythmus vo de Trommle git dä Takt für dä Song vor.

Le rythme des tambours donne le ton à la chanson.

Gitarre spiele lehre isch sehr spannend.

Apprendre à jouer de la guitare est très excitant.

Mir gönd dis Wucheend uf es Konzert in dr Innenstadt.

Nous allons à un concert en ville ce week-end.

D'Stimm vom Sänger isch so kräftig und seelenvoll.

La voix de la chanteuse est puissante et pleine d'âme.

Sing mit em Chorus mit - es isch de eingängigsti Teil!

Chantez le refrain - c'est la partie la plus entraînante !

I ha e Playlist gmacht für mini Roadtrip mit all mine Liblingsongs.

J'ai créé une liste de lecture pour mon voyage en voiture avec toutes mes chansons préférées.

70. Arts

I schätz verschiedeni Forme vo Kunst, vo Moolerei bis Skulptur.

J'apprécie différentes formes d'art, de la peinture à la sculpture.

De Moler het Wuche draa gnoh, um dä Mooleri z'erschaffe.

Le peintre a passé des semaines à créer ce tableau.

De Moler het es grosses Leinwand brucht, um es vibrantis Muurelbild z'erschaffe.

Le peintre a utilisé une grande toile pour créer une fresque vibrante.

D'Mooleri, wo usgstellt isch, fängt d'Schönheit vo dr Natur i.

La peinture exposée capture la beauté de la nature.

D'Skulptur im Park isch us Bronze und steht hoch.

La sculpture du parc est en bronze et se dresse en hauteur.

Mir hend es Kunstmuseum bsuecht, um d'neuschte Usstellige z'gseh.

Nous avons visité une galerie d'art pour voir les dernières expositions.

D'Kunstausstellig het es vielseitigs Sammlig vo moderne Wärk zeigt.

L'exposition d'art présentait une collection variée d'œuvres contemporaines.

De Künstler het verschiedeni Farbe ufem Palette gmischt, bevor er ahgfange het.

L'artiste a mélangé différentes couleurs sur la palette avant de commencer.

I mags, mit Bleistiftzeichnige z'mache, wenni Zit ha.

J'aime faire des dessins au crayon pendant mon temps libre.

D'Zusammestellig vom Mooleri isch harmonisch.

La composition du tableau est harmonieuse.

De Künstler sin realistische Stil git dr Mooleri es lebendigs Ussehe.

Le style réaliste de l'artiste donne à la peinture un aspect réaliste.

D'Galerie legt Wert druf, moderne Kunst z'zeige.

La galerie se concentre sur l'art contemporain.

Verschiedeni Künstler bringe e einzigartigi Perspektive in ihre Wärk i.

Chaque artiste apporte une perspective unique à son travail.

Porträt het d'Persönlichkeit und Emotione vom Objekt g'fange.

Le portrait capture la personnalité et les émotions du sujet.

Sie het e natürlichi und künstleri Tüchtigkeit zum Erschaffe vo schöne Sachen.

Elle a un talent naturel et artistique pour créer de belles choses.

71. Plateformes de diffusion en continu

I ha grad es neus Streaming-Abonnement abgschlosse.

Je viens de m'abonner à un nouveau service de streaming.

I ha immer scho welle d'Serie luege.

J'ai toujours voulu regarder cette série.

D'Serie het drüü Staffle.

Cette série comporte trois saisons.

Di neui Serie het zäh Episode in ihrer erste Staffle.

La première saison de la nouvelle série compte dix épisodes.

I luege lieber Inhalte online astatt sie z'herunterzglade.

Je préfère regarder du contenu en ligne plutôt que de le télécharger.

I ha paar Film zu minere Warteschlang hinzuegfüegt.

J'ai ajouté quelques films à ma liste d'attente.

Chasch mer es guets Dokumentarfilm empfehle?

Pouvez-vous me recommander un bon documentaire ?

D'Release-Datum für d'neui Staffle isch nägscht Monet.

La date de sortie de la nouvelle saison est prévue pour le mois prochain.

D'Streamingplattform het Million vo Zuschauer weltwit.

La plateforme de streaming compte des millions de téléspectateurs dans le monde entier.

D'Monatsabo-Gebür isch ziemlich vernünftig.

Le prix de l'abonnement mensuel est tout à fait raisonnable.

Mit em Premium-Mitgliedschaft chunsch Zugriff uf alli Filme.

Avec un abonnement premium, vous avez accès à tous les films.

I ha mini Passwort für's Streamingkonto vergete.

J'ai oublié mon mot de passe pour le compte de streaming.

Jeds Familienmitglied het sis eiges Profil ufem Streamingdienst.

Chaque membre de la famille a son propre profil sur le service de streaming.

Chasch Episode fürs offline Luege herunterzglade.

Vous pouvez télécharger des épisodes pour les regarder hors ligne.

I ha mini Mitgliedschaft abgmeldet, will i d'Film und Seriene langwilig gfunde ha.

J'ai résilié mon abonnement car je trouvais les films et les émissions ennuyeux.

72. Géographie

Afrika isch dr zwölfgröschte Kontinent.

L'Afrique est le deuxième plus grand continent du monde.

Japan isch bekannt für sis reichhaltigs kulturelles Erbe.

Le Japon est connu pour son riche patrimoine culturel.

D'Amazonas-Regewald isch in dr südamerikanische Region.

La forêt amazonienne est située dans la région de l'Amérique du Sud.

Er wohnt inere Stadt.

Il vit dans une ville.

Mir hend bschlosse, uf's Land z'ziehe und es ruhigs Läbe z'führe.

Nous avons décidé de nous installer à la campagne et de mener une vie tranquille.

D'Hauptstadt vo Frankriich isch Paris.

La capitale de la France est Paris.

China het d'grössti Bevölkerig uf dr Wält.

La Chine est le pays le plus peuplé du monde.

D'Grenze zwüsche de Vereinigte Staat und Mexiko isch aktuell gschlosse.

La frontière entre les États-Unis et le Mexique est actuellement fermée.

D'Provinz Alberta in Kanada isch bekannt für ihri schöni Landschafte.

La province de l'Alberta, au Canada, est connue pour la beauté de ses paysages.

Dä Staat isch es Foederation vo unabhängige autonomi Regione.

Ce pays est une fédération de régions autonomes indépendantes.

Dr mexikanische Bundesstaat Jalisco isch berühmt für si Biitrag zur Mariachi-Musik.

L'État mexicain de Jalisco est célèbre pour sa contribution à la musique mariachi.

D'Meridian vo Greenwich, mitere Längi vo 0 Grad, goht durch Greenwich, London.

Le méridien d'origine, dont la longitude est de 0 degré, passe par Greenwich, à Londres.

Dr Äquator isch e imagineri Linie vo 0 Grad Breiti, wo d'Ärde in Nord- und Südhalbkugle unterteilt.

L'équateur est une ligne imaginaire de 0 degré de latitude qui divise la Terre en hémisphères nord et sud.

D'Finanzdistrikt vo New York City, Heimat vo viele ikonische Hochhüs.

Le quartier financier de New York, qui abrite de nombreux gratte-ciel emblématiques.

73. Pays

D'Vereinigte Staate het e Kultur vom Erfolg und Unternehmertum.

Les États-Unis ont une culture de la réussite et de l'esprit d'entreprise.

Australie het eimaligi Tierwält, inklusiv Kängurus und Koalas.

L'Australie possède une faune unique, notamment des kangourous et des koalas.

Kanada isch bekannt für si natürlichi Schönheit.

Le Canada est connu pour sa beauté naturelle.

Grossbritannie, mit siner riiche Gschicht, bestoht us England, Schottland und Wales.

La Grande-Bretagne, riche en histoire, est composée de l'Angleterre, de l'Écosse et du Pays de Galles.

Frankriich isch bekannt für si Kunscht, Küch und ikonische Wahrzeiche wie de Eiffelturm.

La France est connue pour son art, sa cuisine et ses monuments emblématiques tels que la Tour Eiffel.

Dütschland isch bekannt für si Ingenieurschafte und Oktoberfestfiire.

L'Allemagne est connue pour ses compétences en matière d'ingénierie et pour ses fêtes de l'Oktoberfest.

Spanie isch berühmt für si lebendi Fäscht, schöni Stränd und historischi Architektur.

L'Espagne est célèbre pour ses festivals animés, ses plages magnifiques et son architecture historique.

Italie isch bekannt für si köstlichi Küch, Kunscht und alten Ruine.

L'Italie est connue pour sa cuisine délicieuse, son art et ses ruines anciennes.

Polle het e riichi Gschicht und isch bekannt für si mittelalterlichi Architektur.

La Pologne a une histoire riche et est connue pour son architecture médiévale.

Die historische Städte vo Portugal ziehend Touriste us aller Wält a.

Les villes historiques du Portugal attirent des touristes du monde entier.

Russland isch dr gröschti Staat uf dr Wält.

La Russie est le plus grand pays du monde.

Mit siner alte Gschicht und moderne Erfolg isch China e globale Macht.

Avec son histoire ancienne et ses réalisations modernes, la Chine est une puissance mondiale.

Indie isch bekannt für si vielseitige Kulture, Religione und köstlichi Küch.

L'Inde est connue pour la diversité de ses cultures et de ses religions, ainsi que pour sa délicieuse cuisine.

74. Nature

Dr Mount Everest isch dr höchschti Berg uf dr Wält.

Le mont Everest est la plus haute montagne du monde.

Dr Nil isch eint vo de längschte Flüss uf dr Wält und fliesst durch Ägypte.

Le Nil est l'un des plus longs fleuves du monde et traverse l'Égypte.

Dä Baikalsee in Sibirie isch eint vo de tüefschte Seen uf dr Wält.

Le lac Baïkal, en Sibérie, est l'un des lacs les plus profonds du monde.

Dr Pazifik isch dr grössti Ozean uf dr Erde.

L'océan Pacifique est le plus grand océan de la planète.

D'Sahara-Wüescht isch e Wüescht in Afrika.

Le désert du Sahara est un désert situé en Afrique.

Dr Amazonas-Regewald isch e tropische Regewald.

La forêt amazonienne est une forêt tropicale.

Kanada het e vielseitigs Klima, vom arktische bis zum temperierte.

Le Canada a un climat varié, allant de l'arctique au tempéré.

D'Plato vo Deccan isch e Plateau in Indie.

Le plateau du Deccan est un plateau situé en Inde.

D'Iberischi Halbinsel inkludiert Spanie und Portugal.

La péninsule ibérique comprend l'Espagne et le Portugal.

Hawaii isch e Gruppe vo Insle.

Hawaï est un groupe d'îles.

D'Ostküste vo de Vereinigte Staate wird oft vo Hurrikane truffe.

La côte est des États-Unis est souvent frappée par des ouragans.

Er seglet mit sim Segelboot in der Bucht.

Il navigue sur son voilier dans la baie.

D'Beach het goldeni Sand und blaus Wasser.

La plage a un sable doré et une eau bleue.

Mir liebed es, de ruhige Wald z'erkunde und d'Bäum z'gseh.

Nous aimons explorer la forêt tranquille et voir les arbres.

D'Mätt isch voll vo bunten Blume und Schmetterlinge.

La prairie est pleine de fleurs colorées et de papillons.

75. Sources d'énergie

Erneuerbari Energiequellä sind guet für d'Umweilt.

Les sources d'énergie renouvelables sont bénéfiques pour l'environnement.

Mir hend Solarpanele uf üsem Dach installiert.

Nous avons installé des panneaux solaires sur notre toit.

Windenergie wird dur Windturbinene gschaffe.

L'énergie éolienne est produite par les éoliennes.

Wasserkraft nutzt d'Energie vo fliessendem Wasser zur Stromerzeugig.

L'hydroélectricité utilise l'énergie de l'eau qui coule pour produire de l'électricité.

Biomasseenergie wird us organische Materialie wie Holz und Ernterückständ produziert.

L'énergie de la biomasse est produite à partir de matières organiques telles que le bois et les déchets agricoles.

Geothermische Kraftwerke nutze d'Hitz us em Innera vo dr Erd zur Stromerzeugig.

Les centrales géothermiques utilisent la chaleur de l'intérieur de la terre pour produire de l'électricité.

Kernkraftwerke nutze nukleare Reaktione zur Stromerzeugig.

Les centrales nucléaires utilisent des réactions nucléaires pour produire de l'électricité.

Fossili Brennstoff, wie Kohle, Erdgas und Öl, sind hüt dr Hauptquelle für Energie.

Les combustibles fossiles, tels que le charbon, le gaz naturel et le pétrole, constituent aujourd'hui la principale source d'énergie.

Vili Kraftwerke verbrenne immer no Kohle.

De nombreuses centrales électriques brûlent encore du charbon.

Erdgas isch e sauberi fossili Brennstoff, wo für Heizig und Stromverbruuch verwendet wird.

Le gaz naturel est un combustible fossile plus propre utilisé pour le chauffage et l'électricité.

Öl isch e wichtigi Energiequelle für Verkehrsmittel und industrielli Prozesse.

Le pétrole est une source d'énergie importante pour les transports et les processus industriels.

Bio-Treibstoff, wie Ethanol, wird us organische Materialie gwunne und als Alternativ zu traditionelle Treibstoff verwendet.

Les biocarburants, tels que l'éthanol, sont dérivés de matières organiques et sont utilisés comme alternative aux carburants traditionnels.

76. Catastrophes naturelles

Das Erdbebe het d'Erde erschüttert und Gebäude zum schaukle brocht.

Le tremblement de terre a secoué le sol et fait osciller les bâtiments.

D'Orkan het starki Wind und heftige Regeschütt bracht a d'Küste.

L'ouragan a apporté des vents violents et de fortes pluies dans la zone côtière.

Der Tornado het sich vile dreht und isch durch d'Stadt g'fegt und het Zerstörig bracht.

La tornade s'est mise à tourner violemment, traversant la ville et provoquant des destructions.

Heftigi Räge hend zu Überfluetige gfüert, wo Hüser und Stroosse überfluetet hend.

De fortes pluies ont provoqué des inondations, submergeant les maisons et les routes.

D'Unterwasser-Erdbebe het e riesigi Tsunami verursacht, wo d'Küstegägend überfluetet het.

Le tremblement de terre sous-marin a provoqué un tsunami massif qui a inondé les zones côtières.

D'Vulkaneruption het Asch und Lava usg'spue, wo d'umliggende Dörfer überdeckt het.

L'éruption volcanique a projeté des cendres et de la lave, recouvrant les villages voisins.

D'Waldbränd hend sich schnell dur de trockene Wald verbreitet und alles in ihrem Weg verschlunge.

Le feu s'est rapidement propagé dans la forêt sèche, consumant tout sur son passage.

D'laute Röhre het es Lawin usg'löst, wo de Berghang mit Schnee überdeckt het.

Le grondement retentissant a signalé une avalanche qui a enseveli le flanc de la montagne sous la neige.

D'Bleji het schweri Schnee und starke Wind bracht, wo s'wiisse Sichtbedingige het.

Le blizzard a apporté de fortes chutes de neige et des vents violents, créant des conditions de voile blanc.

D'Längertrockenheit het Flüss und Seen usdorrt, wo zu Wasserknappheit gführt het.

La sécheresse prolongée a asséché les rivières et les lacs, provoquant des pénuries d'eau.

Heftigi Räge hend e Murgang verursacht, wo de Bergstrass blockiert het.

De fortes pluies ont provoqué un glissement de terrain qui a bloqué la route de montagne.

77. Animaux

Der treue Hund wedlet fröhlich mit em Schwanz.

Le chien fidèle remue la queue avec impatience.

Die spielerischi Chatz jagt e buntes Bällchen durchs Zimmer.

Le chat enjoué poursuit une balle colorée dans la pièce.

D'Fische schwümme im Aquarium.

Les poissons nagent dans l'aquarium.

E Vogel zwitschert im Baum vor mim Fenschter.

Un oiseau a gazouillé dans l'arbre devant ma fenêtre.

Das Pferd galoppiert über's offeni Feld.

Le cheval galope à travers le champ.

Die Kuh weidet fridlich in der Wies.

La vache broutait paisiblement dans le pré.

Das Schwein wälzt sich im Dreck.

Le cochon se roulait dans la boue.

Der Elefant spritzt Wasser mit em Rüssel.

L'éléphant éclaboussait l'eau avec sa trompe.

Der wilde Löwe brüllt laut im Wildtierreservat.

Le lion féroce rugit bruyamment dans la réserve.

Der Tiger rennt durch dichti Dschungel.

Le tigre a couru à travers la jungle dense.

Eine Giraffe streckt ihren Hals, um ah höchi Äste z'erreiche.

Une girafe étire son cou pour atteindre les hautes branches.

Unglüürigi Affe schwinged von Baum zu Baum im Dschungel.

Des singes espiègles se balancent d'arbre en arbre dans la jungle.

Der Bär sucht im Herbscht im Wald nah Essbarem.

L'ours cherchait de la nourriture dans la forêt en automne.

Der grüene Frosch sitzt am Teich und quakt sacht.

La grenouille verte s'est assise au bord de l'étang et croasse doucement.

Die langsam schiebende Schildkröte sonnt sich uf em Rügg uf em Felse nebe em Teich.

La tortue, qui se déplace lentement, prenait un bain de soleil sur un rocher près de l'étang.

78. Arbres et fleurs

De alt Eichebaum spendet chühle Schatte im Park.

Le chêne séculaire offre une ombre fraîche dans le parc.

Im Herbscht kreiere d'Farbe vo de Ahorblätter e überwältigendi Landschaft.

En automne, les couleurs des feuilles d'érable créent un paysage époustouflant.

De frische Duft vo de Tanne fillt d'Luft im Immergrün-Wald.

L'odeur fraîche du pin emplit l'air de la forêt à feuilles persistantes.

D'Schlank Birche stohne grazil entlang em Ufer vom Fluss.

Les bouleaux élancés se dressent gracieusement le long de la rivière.

Es Räge vo Fichtebäumli begrenzt de Hinterhof für Privatsphäre.

Une rangée d'épicéas borde l'arrière-cour pour préserver l'intimité.

De Zedernholz wird für e duftendi Chiste zum Kleiderufbewahre bruucht.

Le cèdre était utilisé pour fabriquer un coffre parfumé pour ranger les vêtements.

Kirschblüeme ziere de Kirschbaum im Frühlig, wos e schöni Anblick isch.

Au printemps, les fleurs de cerisier ornent le cerisier, créant ainsi un magnifique spectacle.

De Apfelbaum trägt leckeri Frücht, perfekt zum Pflücke.

Le pommier porte des fruits délicieux, parfaits pour la cueillette.

D'Redhölzer sind sehr hoch.

Les séquoias sont très hauts.

E rot Rose symbolisiert Liebi und Passion im Garte.

Une rose rouge symbolise l'amour et la passion dans le jardin.

Die Tulpe male de Garte im Frühlig in ere Regewoge vo Farbe.

Chaque printemps, les tulipes colorent le jardin d'un arc-en-ciel de couleurs.

D'klei wit Margritli blüehe in der Wies und ziehend Schmetterling a.

La petite marguerite blanche a fleuri dans le pré, attirant les papillons.

Die duftendi Lilie fügt Eleganz zur Arrangement uf em Tisch hinzu.

Le lys odorant ajoute de l'élégance à la composition sur la table.

Die hohe Sunneblueme drett ihr Gsicht zur Sunne im Garte.

Le grand tournesol a tourné son visage vers le soleil dans le jardin.

D'Iris in Lila steht hoch, ihri Blüete wie zarte Pinselstriche.

L'iris pourpre se dresse, ses pétales ressemblant à de délicats coups de pinceau.

79. L'histoire

Uralti Zivilisatione, wie d'Ägypter und Mesopotamier, hend imposanti Struktur baut und fortgschrittne Gsellschafte gha.

Les civilisations anciennes, telles que les Égyptiens et les Mésopotamiens, construisaient des structures impressionnantes et avaient des sociétés avancées.

D'Antike Grieche hend beträchtlechi Beitrag zu Philosophie, Kunst und Wissenschaft gleischt.

Les Grecs de l'Antiquité ont apporté d'importantes contributions à la philosophie, à l'art et à la science.

D'Ming-Dynastie in China het e bleibendi Wirkig uf Kunst und Kultur gha.

La dynastie Ming en Chine a eu un impact durable sur l'art et la culture.

Das Römische Rych isch e machtvolli Kraft in dr Antike gsi, bekannt für sin riesige Territorium.

L'Empire romain était une force puissante dans l'histoire ancienne, connue pour son vaste territoire.

Archäologe bruuchet Wärchzüüg und Technike, um Artefakte z'entdecke und über vergangeni Gsellschafte z'lerne.

Les archéologues utilisent des outils et des techniques pour découvrir des objets et en apprendre davantage sur les sociétés passées.

D'Amerikanischi Revolution het d'Geburt vu ere neue Nation markiert, wo s'koloniali Herrschaft in Frage gstellt het.

La révolution américaine a marqué la naissance d'une nouvelle nation qui a défié le pouvoir colonial.

D'Renaissance isch e Zyt vo erneuetem Interesse an Kunst, Literatur und Lerne in Europa gsi.

La Renaissance est une période de regain d'intérêt pour l'art, la littérature et le savoir en Europe.

D'Industrielli Revolution het Gsellschafte durch d'Introduction vo neue Technologiere und Herstelligsprozesse transformiert.

La révolution industrielle a transformé les sociétés grâce à l'introduction de nouvelles technologies et de nouveaux procédés de fabrication.

D'Britischi Monarchie het e langi Gschicht vu Könige und Königinne, wo s'Länd regiert hend.

La monarchie britannique a une longue histoire de rois et de reines à la tête du pays.

D'Antike Grieche wird d'Mitentwicklung vo demokratische Prinzipie zugeschribe.

On attribue à la Grèce antique le développement des principes démocratiques.

80. L'économie

D'Economie isch stark und vieli Lüüt finde neu Jobmöglichkeite.

L'économie est forte et de nombreuses personnes trouvent de nouvelles opportunités d'emploi.

D'Inflation het zue höchere Prise für Alltagsartikel wie Essen und Benzin gfüehrt.

L'inflation a entraîné une hausse des prix des produits de consommation courante tels que les denrées alimentaires et l'essence.

Glücklicherwiis het d'Deflation vor churzem einige Produkte erschwinglicher gmacht.

Heureusement, la déflation a récemment rendu certains produits plus abordables.

D'Arbeitslosigkeitsrata sind g'sunke, was azeigt, dass meh Lüüt Arbeit finde.

Les taux de chômage ont baissé, ce qui indique que davantage de personnes trouvent du travail.

E sachverständige Arbeitschraft isch entscheidend für d'Economieentwicklig und Innovation.

Une main-d'œuvre qualifiée est essentielle au développement économique et à l'innovation.

De Marktpreis passt sich ahand vo Angebot und Nachfrag a, was üsi Chauferuscht beiflusst.

Le marché ajuste les prix en fonction de l'offre et de la demande, ce qui influence nos décisions d'achat.

Intelligänti Investitione i Technologie chönne zu langfrischtigem Erfolg vo Unternehmen führe.

Des investissements intelligents dans la technologie peuvent conduire à une réussite commerciale à long terme.

E tieferi Zins macht s'erschwinglicher für Unternehmen, Geld z'lehne, um sich uszbreite.

Un taux d'intérêt plus bas permet aux entreprises d'emprunter plus facilement pour se développer.

D'Beobachtig vom Börsi hilft Investor entscheidige über ihri Portfolios z'treffe.

Garder un œil sur le marché boursier aide les investisseurs à prendre des décisions éclairées concernant leurs portefeuilles.

De günstigi Devisenkurs het s'zu ere guete Zit gmacht, es internationals Ferieplan z'mache.

Le taux de change favorable a fait de cette période un moment idéal pour planifier des vacances à l'étranger.

81. Crise économique

Vili Unternehmen hend kämpft, um während de Rezession z'überläbe, wodur das zu massive Arbeitslosigkeit g'führt het.

De nombreuses entreprises ont eu du mal à survivre pendant la récession, ce qui a entraîné un chômage généralisé.

D'Börsi het e plötzliche Zämebruch erlebt, wodur s'Vermöge vo vili Investor schwindet isch.

Le marché boursier a connu un effondrement soudain, érodant la richesse de nombreux investisseurs.

D'Firma het Konkurs aagmäldet, nachdem sie riesigi Schuld aaghäuft het, wo sie nid z'ruggzahle cha.

L'entreprise a déposé son bilan après avoir accumulé des dettes massives qu'elle ne pouvait pas rembourser.

Mehreri Länder sind in Gefahr gsi, ihri Darlehe nid meh z'bezahle, was Sorge an de Finanzmärkte g'föhrt het.

Plusieurs pays risquaient de ne pas rembourser leurs emprunts, ce qui a suscité l'inquiétude des marchés financiers.

Regierige griife oft mit Rettungspakete i, um finanzielli Institutione während ere Kris stabil z'mache.

Les gouvernements interviennent souvent avec des plans de sauvetage pour stabiliser les institutions financières pendant une crise.

Investor erlebde Panikverchöuf, wüu Unsicherheit d'Märkt übercho het.

Les investisseurs ont connu des ventes de panique alors que l'incertitude s'emparait des marchés.

Steigendi Schulde sind e grossi Sorg gsi für sowohl Einzelpersonen als au Firmene.

L'augmentation de la dette est devenue une préoccupation majeure tant pour les particuliers que pour les entreprises.

D'duregehendi wirtschaftliche Tiefphase het vili Firmene in Konkurs g'fördert.

Le ralentissement économique prolongé a poussé de nombreuses entreprises à la faillite.

Widespreadi Arbeitsverluscht hend zu beträchtleche Zuwachs vo de Arbeitslosigkeitsrata biträge.

Les pertes d'emploi généralisées ont contribué à une augmentation significative des taux de chômage.

De plötzlichi Börsicrash het Billione vo Doller an Investorvermöge weggwischt.

L'effondrement soudain des marchés a anéanti des milliers de milliards de dollars de richesse des investisseurs.

82. Entreprises

Bitte schicks en Rechnig für d'letzti Monet erbrachte Dienscht.

Veuillez envoyer une facture pour les services fournis le mois dernier.

Unsri Firma isch spezialisiert uf Softwareentwicklig.

Notre société est spécialisée dans le développement de logiciels.

Steigerundi Verchäuf werded zue höchere Gewinnmarge führe.

L'augmentation des ventes permet d'accroître les marges bénéficiaires.

D'Firma het finanzielli Verluscht erlitten während de wirtschaftliche Tiefphase.

L'entreprise a subi une perte financière pendant la récession économique.

D'Deesch vode neu Marketingstrategie het unseri Einnahme bedeutend erhöht.

La nouvelle stratégie de marketing a considérablement augmenté nos revenus.

E starcki Marketingkampagne cha d'Produktwahrnehmig erheblich steigere.

Une solide campagne de marketing peut accroître la notoriété du produit.

D'Sälsmannschaft het ihri Quartalsziil übertroffe.

L'équipe de vente a dépassé ses objectifs trimestriels.

D'Begegnig vo de Bedürfnissi vom Kunde isch e höchscht Priorität.

La satisfaction des besoins des clients est une priorité absolue.

Reisekoste werded mit korrekter Dokumentation zurückerstattet.

Les frais de déplacement sont remboursés sur présentation des pièces justificatives.

D'Firma lanciert im nächschte Monet e neui Produktlinie.

L'entreprise lancera une nouvelle ligne de produits le mois prochain.

D'Verstah vo de Zielmärt isch entscheidend für d'Wachstum vom Business.

La compréhension du marché cible est essentielle à la croissance de l'entreprise.

E stetigi Versorgig mit Rohstoffe isch essentiell für d'Produktion.

Un approvisionnement régulier en matières premières est essentiel pour la production.

Uf de Marktnachfrag z'reagiere isch entscheidend für e blühends Business.

Répondre à la demande du marché est essentiel pour une entreprise prospère.

Starcki Füehrig isch entscheidend, um's Team zum Erfolg z'führe.

Un leadership fort est essentiel pour mener l'équipe au succès.

Immer d'Terme vomene Vertrag überprüfe, bevor mehn unterzeichnet.

Examinez toujours les termes d'un contrat avant de le signer.

83. Fabrication

D'Fabrik isch mit fortschrittliche Maschine usgrüstet, um de Herstelligsvorgang z'beschläunige.

L'usine est équipée de machines de pointe pour accélérer le processus de fabrication.

Montagelinie vereifache de Prozess zum Z'sämestelle vo Produkte.

Les chaînes de montage rationalisent le processus d'assemblage des produits.

Automatisierig in de Herstellig verbessert d'Effizienz und reduziert di Lohnkoste.

L'automatisation de la fabrication améliore l'efficacité et réduit les coûts de main-d'œuvre.

E guet verwaltete Zulieferkette stellt sicher, dass rechtzeitig Zuegriff uf Rohmaterial vorhändig isch.

Une chaîne d'approvisionnement bien gérée garantit un accès rapide aux matières premières.

Qualitätskontrollmäßnahme erhaltet d'Produktstandards während de Herstellig.

Les mesures de contrôle de la qualité permettent de maintenir les normes des produits pendant la fabrication.

Ständigi Verbesserigsmassnahme erhöhe d'Effizienz in de Herstellig.

Les efforts d'amélioration continue augmentent l'efficacité de la production.

E korrekts Inventarmanagement verhindert Mangel oder Überbestände.

Une bonne gestion des stocks permet d'éviter les pénuries ou les surstocks.

Fabrike verlahsech uf e stetigi Zuegriff uf Rohmaterial für d'Produktion.

Les usines dépendent d'un approvisionnement régulier en matières premières pour leur production.

Fertigi Wärt sind für d'Verteilig a d'Konsumente bereit.

Les produits finis sont prêts à être distribués aux consommateurs.

G'schulti und effizienti Arbeitskräfte sind für d'Produktion essentiell.

Une main-d'œuvre qualifiée et efficace est essentielle à la production.

Massenproduktion erlaubt s'Schnellherstelle vu grosse Mänge vo Produkte.

La production de masse permet de fabriquer rapidement de grandes quantités de produits.

Outsourcing involviert s'Uuslagge vo spezifische Aufgabe an externe Partner.

L'externalisation consiste à confier des tâches spécifiques à des partenaires externes.

84. Banque

Ich cha mis Bankkonto überprüfe, um mini Transaktione z'überwache.

Je consulte mon compte bancaire pour suivre mes transactions.

Ich werds d'Geld uf mini Konto ischalte, bevor ich de Kauf mach.

Je verserai l'argent sur mon compte avant d'effectuer l'achat.

Du chasch Geld vom ATM abhebe oder e Filiale bsueche.

Vous pouvez retirer de l'argent à un guichet automatique ou vous rendre dans une agence.

Behalt immer en Auge uf din Kontostand, um z'verhindere, dass du's Konto überziehsch.

Gardez toujours un œil sur le solde de votre compte pour éviter de le mettre à découvert.

Jedi Transaktion wird uf dim Kontoauszug für di Referenz ufgführt.

Chaque transaction est enregistrée sur votre relevé de compte pour référence.

D'Sparkass bietet hohe Zinssätz für Sparkonti a.

Cette banque offre des taux d'intérêt élevés sur les comptes d'épargne.

Ich bruch finanzielli Unterstützig und han für e Privatdarlehe agsucht.

J'ai besoin d'une aide financière et j'ai demandé un prêt personnel.

E gueti Kreditwürdigkeit isch hilfreich für gueti Darlehebedingige.

Une bonne cote de crédit permet d'obtenir de bonnes conditions de prêt.

Benutz din Debitkarte, um alltäglichi Chäufe direkt vom Konto z'mache.

Utilisez votre carte de débit pour effectuer des achats courants directement à partir de votre compte.

Finds de nächschte ATM für en bequeme Zuegriff uf Bargeld.

Localisez le distributeur automatique de billets le plus proche pour un accès pratique à l'argent liquide.

Bsuech din Bankfiliale für persönlichi Hilf mit dim Konto.

Rendez-vous dans votre agence bancaire pour une assistance personnelle sur votre compte.

Manchi Banken biete Währigsuustauschdienst a.

Certaines banques proposent des services de change.

Währigsuustauschkurs schwanket und beeinflusst d'Wärt vu usländische Währige.

Les taux de change fluctuent, ce qui affecte la valeur des devises étrangères.

Ich han für e Hypothek agsucht, um e Huus z'kaufe.

J'ai demandé un prêt hypothécaire pour acheter une maison.

85. Assurance

Manchmol isch's nützlich, Versicherig z'ha, um di vor unerwartete Ereigniss z'schütze.

Il est parfois utile d'avoir une assurance pour se protéger contre les événements imprévus.

Überprüef regelmässig di Versicherigspolice, um sicherzustelle, dass sie di Bedürfniss erfüllt.

Révisez régulièrement votre police d'assurance pour vous assurer qu'elle répond à vos besoins.

Bezahl di Versicherigsprämie pünktlich, um d'laufendi Deckig sicherzustelle.

Le fait de payer votre prime d'assurance à temps garantit le maintien de votre couverture.

Verschtah d'Umfang vu dim Versicherigsschutz, bevor du e Schadensfall igibsch.

Comprenez l'étendue de votre couverture avant de faire une demande d'indemnisation.

Reich en Schadensfall prompt i, wenn du en gedeckte Verluscht erfahrsch.

Déposez rapidement une demande d'indemnisation lorsque vous subissez un sinistre couvert.

Versicherige bewerte verschiedeni Faktore, um d'Umfang vom Risiko z'bestimme, wo mit em Versicherte verbonde isch.

Les assureurs évaluent différents facteurs pour déterminer le niveau de risque associé à un assuré.

Ich mues mi Police vor Ablauf erneuer, bevor sie ablaufft.

Je dois renouveler ma police avant son expiration.

Haftpflichtversicherig schützt di vor finanzielle Verantwortig für Verletzige oder Schäde bi andere.

L'assurance responsabilité civile vous protège de la responsabilité financière en cas de blessures ou de dommages causés à autrui.

De Versicherte isch dur d'Police abdeckt.

L'assuré est couvert par la police.

Überleg di en Reiter zur diere Police z'hinzufüege für zusätzliche Deckig, wo di Bedürfniss entspricht.

Envisagez d'ajouter un avenant à votre police pour bénéficier d'une couverture supplémentaire adaptée à vos besoins.

Autoversicherig isch essentiell, um di Fahrzüg z'schütze und potenziell Haftigkeite z'decke.

L'assurance automobile est essentielle pour protéger votre véhicule et couvri d'éventuelles responsabilités.

86. Bourse

Ich han Aktie inere Technologiefirma kauft.

J'ai acheté des actions d'une société de technologie.

Ich besitz zäh Aktie vo dere Firma.

Je possède dix actions de cette société.

Ich diversifizier mi Portfolio für e usgewoge Investitionsstrategie.

Je diversifie mon portefeuille pour une stratégie d'investissement équilibrée.

Einigi Aktie zahle Dividende a ihri Aktionär.

Certaines actions versent des dividendes à leurs actionnaires.

In ere Bullenmärt steige d'Aktiepraise.

Dans un marché haussier, les prix des actions augmentent.

In ere Bäremärt falle d'Aktiepraise.

Dans un marché baissier, les prix des actions chutent.

De Börsenindex misst d'generelle Performance vo de Börse.

L'indice boursier mesure la performance globale du marché.

Aktie werde uf Börsen wie de DAX oder de NASDAQ ghandlet.

Les actions sont négociées sur des bourses telles que le DAX ou le NASDAQ.

D'Firma isch an die Börse gange, um Kapital z'sammle.

L'entreprise est entrée en bourse afin de lever des fonds.

Handelsvolumen zeigt a, wieviel Aktie kauft und verkauft worde sind.

Le volume des transactions indique le nombre d'actions achetées et vendues.

D'Marktkapitalisierung vo dere Firma beträgt 200 Million Dollar.

La capitalisation boursière de cette entreprise est de 200 millions de dollars.

Diversifikation hilft mer, s'Risiko z'reduziere, indem mer in verschiedene Wertschrifte investiert.

La diversification m'aide à réduire les risques en investissant dans différents actifs.

E Aktiensplitt erhöht d'Zahl vo de Aktie.

Un fractionnement d'actions augmente le nombre d'actions.

Optione gebet s'Recht, e Aktie zu em feste Priis z'chaufe oder z'verchaufe.

Les options donnent le droit d'acheter ou de vendre une action à un prix déterminé.

Er handlet mit Aktie.

Il négocie des actions.

87. Finances personnelles

Ich ha en sehr bescheidene Einkomme.

J'ai un revenu très modeste.

D'Überwachig vo dine Usgaben hälft mer, din Finanze besser z'verwalte.

Le suivi de vos dépenses vous aidera à mieux gérer vos finances.

Es isch wichtig, e Teil vo dim Einkomme für d'Sparräschte abzsetze.

Il est important de réserver une partie de vos revenus à l'épargne.

Investiere in Aktie chan hälfe, din Wohlstand im Verlauf vo de Zit z'vermehre.

Investir dans des actions peut vous aider à accroître votre patrimoine au fil du temps.

D'Abzahlig vo hochverzinsliche Schuld sött Priorität ha.

Le remboursement des dettes à taux d'intérêt élevé doit être une priorité.

Ich ha en Darlehe ufgno, um e Auto z'kaufe.

J'ai contracté un prêt pour acheter une voiture.

D'Bank verrechnet Zins uf s'Geld, wo du ufgno hesch.

La banque facture des intérêts sur l'argent que vous empruntez.

E gueti Kreditwürdigkeit erhöht dini Chancen, für e Darlehe bewilligt z'werde.

Un score de crédit élevé augmente vos chances d'obtenir un prêt.

E Notgrosche bietet finanzielli Sicherheit bi unerwartete Situatione.

Un fonds d'urgence offre une sécurité financière dans des situations inattendues.

Für d'Rente z'spare isch entscheidend für finanzielli Stabilität im Alter.

L'épargne-retraite est essentielle à la stabilité financière des personnes âgées.

Chrankversicherig hilft, medizinischi Koste z'decke.

L'assurance maladie permet de couvrir les frais médicaux.

Mir hend e Hypothek ufgno, um eusi erscht Huus z'kaufe.

Nous avons contracté un prêt hypothécaire pour acheter notre première maison.

E Huus z'besitze isch e Bispil für e wertvolli Vermöge.

La propriété d'un logement est un exemple de bien de valeur.

Z'vill Schuld cha e finanzielli Belastig si.

Avoir trop de dettes peut être un handicap financier.

Nettowert isch Vermöge minus Verpflichtige.

La valeur nette correspond à l'actif moins le passif.

88. Actualités

D'Überschrift vom Artikel inere Zitig het mini Aufmerksamkeit uf sich zoge.

Le titre de l'article du journal a attiré mon attention.

Ich ha en interessante Artikel über Klimawandel gläse.

J'ai lu un article intéressant sur le changement climatique.

De Journalist het de Bürgermeister für d'bevorstehendi Gschicht interviewt.

Le journaliste a interviewé le maire pour le reportage à venir.

De Redaktor het das Manuskript vor dr Veröffentlichig überprüeft und bearbeitet.

L'éditeur a revu et corrigé le manuscrit avant sa publication.

D'Ereignis het e usgiebigi Presseberichterstattig erfahre.

L'événement a été largement couvert par la presse.

De Journalist het d'Vertraulichkeit vo sine Quelle geschützt.

Le journaliste a protégé la confidentialité de ses sources.

D'Redaktionsrubrik ermöglicht es Schriftsteller, ihri Meinig uszdrücke.

La section éditoriale permet aux rédacteurs d'exprimer leurs opinions.

D'Neuigschau lauft jede Tag um 18 Uhr.

Le journal télévisé est diffusé tous les jours à 18 heures.

De Journalist führt e überzeugends Interview mit em Schriftsteller.

Le journaliste mène une interview passionnante avec l'écrivain.

Soziali Medie spiele e wichtigi Rolle biere Verbreitig vo Neuigkeite.

Les médias sociaux jouent un rôle important dans la diffusion de l'information.

D'Ereignis het positivi Publizität in de lokale Neuigskeite erfahre.

L'événement a fait l'objet d'une publicité positive dans les journaux locaux.

Pressezensur cha d'Freiheit vu Äusserig limitere.

La censure de la presse peut limiter la liberté d'expression.

Sy vorsichtig bi de Verbreitig vo Fake-News; verifizier d'Informatione erscht.

Faites attention à la diffusion de fausses nouvelles ; vérifiez d'abord l'information.

Die Breaki-News-Gschicht het's uf d'Vorderseit vo de Zitig gschafft.

La nouvelle a fait la une du journal.

Überlegs dir, e Abonnement für täglichi Neuigkeite z'abonniere.

Envisagez de vous abonner pour recevoir des informations quotidiennes.

89. Politique

D'Regierung verwaltet d'öffentliche Angelegenehite.

Le gouvernement gère les affaires publiques.

In ere Demokratie nähmed Bürger am Entscheidigsprozess dur d'Wahl teil.

Dans une démocratie, les citoyens participent à la prise de décision par le biais du vote.

D'bevorstehendi Wahlen wärde d'neue Führungspersönlichkeite bestimme.

Les prochaines élections détermineront les nouveaux dirigeants.

Mitglieder vo ere politische Partei teile gemeinsami Ziele und Werte.

Les membres d'un parti politique partagent des objectifs et des valeurs communs.

D'Regierung setzt neui Politike um, um mit hohen Steuere umzgah.

Le gouvernement met en œuvre de nouvelles politiques pour faire face aux impôts élevés.

D'Verfassig umreisst d'grundlegendi Prinzipie ere Nation.

La Constitution énonce les principes fondamentaux d'une nation.

De Präsident het en Adress an d'Nation gha.

Le président a prononcé un discours à la nation.

De Bürgermeister überwacht d'Verwaltung ere Stadt.

Le maire supervise l'administration d'une ville.

Jeder wahlberechtigte Bürger het s'Recht, bi ere Wahl z'stimme.

Tout électeur éligible a le droit de voter lors d'une élection.

D'Oposition bietet e alternative Standpunkt zur herrschende Partei.

L'opposition offre un point de vue alternatif à celui du parti au pouvoir.

De Kampf gegen Korruption isch entscheidend für e faire politische System.

La lutte contre la corruption est essentielle au maintien d'un système politique équitable.

D'Fremdepolitik vo de Regierung umreisst ihri Interaktione mit andere Natione.

La politique étrangère du gouvernement décrit ses interactions avec les autres nations.

D'Schutz vu Bürgerrechte sicheret, dass alli Bürger glych behandlet werde.

La protection des droits civils garantit l'égalité de traitement de tous les citoyens.

D'Bürgerschaft verleiht Einzelpersonen bestimmte Recht und Verantwortlichehite.

La citoyenneté confère aux individus certains droits et responsabilités.

Umfragendate gebet Einsicht in d'öffentlichi Meinig zu verschiedene Themen.

Les données des sondages donnent un aperçu de l'opinion publique sur diverses questions.

90. Sports

Mir spiele jede Wucheend Fussball im Park.

Nous jouons au football dans le parc tous les week-ends.

Mir spiele Basketball nach de Schuel.

Nous jouons au basket après l'école.

Tennis spiele isch e super Möglichkeit, aktiv z'bleibe.

Jouer au tennis est un excellent moyen de rester actif.

Mis Grossvater spielt jede Samschtig Golf.

Mon grand-père aime jouer au golf tous les samedis.

Rugby isch e physisch anspruchsvoller Sport.

Le rugby est un sport physiquement exigeant.

Stellt e Volleyballnetz am Strand uf für e fründlichi Spiel.

Installez un filet de volley-ball sur la plage pour un match amical.

Eishockey isch beliebt in chältliche Regione.

Le hockey sur glace est populaire dans les climats froids.

Ich ha im Gmeinschaftsbad schwümme glert.

J'ai appris à nager à la piscine municipale.

Lahs Badminton im Garte spiele.

Jouons au badminton dans le jardin.

Tischtennis erfordert schnelli Reflex und Genauigkeit.

Le tennis de table exige des réflexes rapides et de la précision.

Boxkämpf zeige imponierendi Stärchi und Fähigkeite.

Les combats de boxe font preuve d'une force et d'une habileté impressionnantes.

Vili Mensche übe Kampfsport für Selbstverteidigung.

De nombreuses personnes pratiquent les arts martiaux pour se défendre.

Skifahre isch e berauschendi Erfahrig.

Le ski est une expérience exaltante.

Snowboarde isch e beliebter Wintersport.

Le snowboard est un sport d'hiver très populaire.

Segle isch e ruhiger und anspruchsvoller Wassersport.

La voile est un sport nautique calme et stimulant.

91. Parler de sport

De Fussballer dribbelt a de Verteidiger vorbi, um e Tor z'schiesse.

Le footballeur dribble les défenseurs pour marquer un but.

D'Basketballmannschaft het hart fürs bevorstehendi Turnier trainiert.

L'équipe de basket-ball s'entraîne dur en vue du prochain tournoi.

De Trainer het an entscheidende Momente im Spiel wertvolli Ratschläg gege.

L'entraîneur a donné de précieux conseils à des moments cruciaux du match.

De Captain het s'Team mit Entschlossenheit und Strategie gfüert.

Le capitaine a mené l'équipe avec détermination et stratégie.

De Tennisplayer het mit sim Gägeüber nach em schwere Match d'Händ gschüttelt.

Le joueur de tennis a serré la main de son adversaire après un match difficile.

D'Schlussresultat isch 3-1 gsii.

Le score final est de 3-1.

D'Fröid am Sieg het sich uf de Gsichter vo de Spieler abzeichnet.

La joie de la victoire se lisait sur les visages des joueurs.

Ungwöhnlich ihre Anstrengige het s'Team d'Niederlag mit Würdi akzeptiere müesse.

Malgré ses efforts, l'équipe a dû accepter la défaite avec dignité.

De Marathon-Sieger het s'Überschreite vo de Ziellinie als Triumph gfiiret.

Le vainqueur du marathon a célébré le franchissement de la ligne d'arrivée en premier.

Es isch wichtig, sowohl im Sieg als au in de Niederlag gracious z'si und d'Bemühige vom Verliere z'würdige.

Il est important de faire preuve de courtoisie dans la victoire comme dans la défaite et de reconnaître les efforts du perdant.

De Schiedsrichter het ins Pfeif gblase.

L'arbitre a sifflé la fin de la séance.

D'Platzverhältnis isch fürs Meisterschaftsspiel iimertadellos gsi.

Le terrain était en parfait état pour le match de championnat.

D'Tenniscourt isch vo begeisterte Zuschauer umgebe gsi.

Le court de tennis était entouré de spectateurs enthousiastes.

D'Fussballarena isch mit jubelnde Fans gfüllt gsi.

Le stade de football était rempli de supporters enthousiastes.

De Hockeyspieler het e erstaunliche Last-Minute-Tor gschosse.

Le joueur de hockey a marqué un but incroyable à la dernière minute.

92. Crimes et délits

D'Polizei schaffet unermüdlich, Kriminalität in dr Gmeinschaft z'verhindere und z'löse.

La police travaille sans relâche pour prévenir et résoudre les problèmes de criminalité dans la communauté.

D'Bank isch dr Ziil vo em gwinaggsrächige Räuberi gsi.

La banque a été la cible d'un audacieux vol à main armée.

Ladendiebschtahl isch e häufigi Form vo Diebstahl, gege di d'Händlere kämpfe.

Le vol à l'étalage est une forme courante de vol contre laquelle les détaillants luttent.

D'Feuerwehr ermittlet in ere Brandstiftig, wo's verlasseni Gebäud z'Nider g'macht het.

Les pompiers enquêtent sur l'incendie criminel qui a détruit le bâtiment abandonné.

Akte vo Vandalismus, wie Graffiti, verschandele öffentlichs Eigentum.

Les actes de vandalisme, tels que les graffitis, dégradent les biens publics.

Dr Opfer isch bi ere brutalne Attack in dr Nächi vom Park verletzt worde.

La victime a été blessée lors d'une agression brutale près du parc.

Detektive schaffet dra, e Totschlag in dr Stadt z'löse.

Les détectives travaillent à l'élucidation d'un homicide dans la ville.

Online-Betrug und Identitätsdiebschtahl si häufigi Forme vo Betrug.

Les escroqueries en ligne et l'usurpation d'identité sont des formes courantes de fraude.

Dr Verdächtigi isch feschtgno worde, well er Unterzeichnige uf wichtige Dokumänti gfälscht het.

Le suspect a été arrêté pour avoir falsifié des signatures sur des documents importants.

Dr Geschäftsinhaber het Drohungsmeldige erhalte, wo Geld im Umtausch für Sicherheit fordr.

Le propriétaire de l'entreprise a reçu des messages de menace exigeant de l'argent en échange de la sécurité.

Dr Politiker isch in em Skandal verwicklet gsi, wo Bestechig und Korruption betrifft.

L'homme politique a été impliqué dans un scandale de pots-de-vin et de corruption.

Zollbeamti hend e Liferig vermutetigs Schmuggelguts abgefangt.

Les fonctionnaires des douanes ont intercepté une cargaison soupçonnée de transporter des marchandises illégales.

93. Droit

D'Verfolgig vo Gerechtigkeit isch fundamental für e faires Rechtssystem.

La recherche de la justice est fondamentale pour un système juridique équitable.

Er het e Klage gege d'Firma ihgäh, wäg Vertragsbruch.

Il a intenté une action en justice contre la société pour rupture de contrat.

D'Fall wird im Gericht nöchschte Monet ghöre.

L'affaire sera entendue par le tribunal le mois prochain.

Dr Prozess het mehreri Wuche dauert, bis es Urteil erreicht worde isch.

Le procès a duré plusieurs semaines avant d'aboutir à un verdict.

Starcki Bewis isch essentiell für dr Aufbau vo em stärke Fall.

Des preuves solides sont essentielles pour constituer un dossier solide.

Dr Beschuldigt het sich für "nicht schuldig" erklert.

L'accusé a plaidé non coupable.

Dr Kläger fordert Schadensersatz.

Le plaignant demande des dommages et intérêts.

Dr Richtig wird en Entscheid fälle, nachem er d'Bewis aglueget het.

Le juge rendra un verdict après avoir examiné les preuves.

Es wichtige Zeuge het während em Prozess usgesagt.

Un témoin clé qui a témoigné au cours du procès.

Dr Anwalt het ere Vorladig usegäh, um de Zeuge z'zwingen, uszusage.

L'avocat a délivré une citation à comparaître pour obliger le témoin à témoigner.

Dr Zeuge het detailliert und ährlich usgsagt.

Le témoin a fait une déposition détaillée et honnête.

Kriminal: Räuberi wird als Verbreche betrachtet.

Criminel : Le vol est considéré comme un crime.

Zivilfäll betrefd oft Auseinandersetzig zwüsche Einzelpersonen oder Firme.

Les affaires civiles concernent souvent des litiges entre des personnes physiques ou morales.

D'Verfassig umreisst d'grundlegendi Prinzipie vo ere Land.

La constitution énonce les principes fondamentaux d'un pays.

Dr Beschuldigt het s'Recht z'Appelliere, wenn er mit em Urteil unzfridde isch.

L'accusé a le droit de faire appel s'il n'est pas satisfait du verdict.

94. La guerre

D'Land het em Aggressione entgäg g'kündigt.

Le pays a déclaré la guerre en réponse à l'agression.

D'langanhaltendi Konflikt het Tausendi vo Lüt zwingt, ihri Haimat z'verlasse.

Ce conflit de longue durée a contraint des milliers de personnes à quitter leur foyer.

Soldate sind in em heftige Kampf um d'Kontrolle vo em strategische Vorposte involviert.

Les soldats sont engagés dans une bataille féroce pour le contrôle de l'avant-poste stratégique.

Militärtraining bereitet Soldate ufg d'Herausforderige vo em Schlachtfäld vor.

L'entraînement au combat prépare les soldats aux défis du champ de bataille.

Dr tapfere Soldat wird für si Tapferkeit im Dienscht mit emedalie usgzeichnet.

Le soldat courageux reçoit une médaille pour sa bravoure dans l'exercice de ses fonctions.

Truppe sind a d'Grenze gschickt worde, um s'Gebiet z'sicherne.

Des troupes ont été envoyées à la frontière pour sécuriser la zone.

D'Militär het in moderni Waffesystem für d'Abwehr investiert.

L'armée a investi dans des armes de pointe pour la défense.

Dr Sanitäter isch schnell zu de Verletzte uf em Schlachtfäld ig'schliche.

L'infirmier s'est empressé de soigner les blessés sur le champ de bataille.

Länder hend Allianze g'bildet, um ihri Position im Konflikt z'stärke.

Les pays ont formé des alliances pour renforcer leur position dans le conflit.

D'Identifikation vo de Bewegige vo em Feind isch entscheidend für militärischi Strategie.

L'identification des mouvements de l'ennemi est cruciale pour la stratégie militaire.

D'Nation fiiret en harte erkämpfte Sieg über de Aggressor.

La nation célèbre une victoire obtenue de haute lutte sur l'agresseur.

Dr Friedensvertrag isch unterschribe worde.

Le traité de paix est signé.

E vorübergehende Waffenstillstand het humanitär Hilf ermöglicht, a d'betroffene Gegend z'gelange.

Un cessez-le-feu temporaire a permis à l'aide humanitaire d'atteindre les zones touchées.

'Armee het entschlosse, sich z'zruggz'ziehe, um wiiteri Verlüste z'vermeide.

L'armée décide de battre en retraite pour éviter des pertes supplémentaires.

D'Stadt isch für mehreri Monet vom Feind bsatz worde.

La ville a été occupée par l'ennemi pendant plusieurs mois.

95. Parties du corps

Sie nickte mit em Chopf zur Zustimmig.

Elle a hoché la tête en signe d'assentiment.

Si langi, fliessendi Hoor hett allne d'Aufmerksamkeit uf sich gzooge.

Ses longs cheveux flottants attirent l'attention de tous.

Ir Gsicht hett glänzt vor Freud, als si ihre Fründ gseh het.

Son visage s'illumine d'un sourire lorsqu'elle aperçoit son amie.

Si Augä hän glänzt vor Ufregig, als er's Gschenk ufgmacht het.

Ses yeux brillent d'excitation lorsqu'il ouvre le cadeau.

Si het d'Nase zoge bi em unangenehme G'richt.

Elle fronce le nez devant l'odeur désagréable.

Das leckere Ässe hett en nachhaltige G'schmack irem Mund hinterloh.

La nourriture délicieuse a laissé un goût persistant dans sa bouche.

Si het en hällä Lächlä g'zeigt, ihre wiiss Zäh sichtbar mache.

Elle affiche un sourire éclatant, dévoilant ses dents blanches.

Er het si Ohr zueghalte, um kei G'richt z'ghöre.

Il se bouche les oreilles pour ne pas entendre de bruit.

Si Schultäre hän sich bi Enttüschtig hänke lo.

Ses épaules s'affaissent en signe de déception.

Si het ihre Arme um ihm g'wicklet und ihm es Umarmig gäh.

Elle l'a entouré de ses bras et l'a serré dans ses bras.

Ihri Händ hän gebebt vor nervöser Ufregig.

Ses mains tremblent d'impatience.

Er het mit fliige Finger es Melodie uf em Piano g'spielt.

Il joue une mélodie au piano avec des doigts agiles.

Er het d'Schwär agträge uf sim Rügge.

Il porte le lourd fardeau sur son dos.

Si starki Bei hän ihm müehelos über d'Ziillini träge.

Ses jambes robustes l'ont porté sans effort jusqu'à la ligne d'arrivée.

Si Füess hän weh döre en lange Wandertag.

Ses pieds sont douloureux après une longue journée de marche.

96. Santé

G'sund z'si isch wesentlich für e glücklichs Läbe.

Une bonne santé est essentielle pour une vie heureuse.

Regelmässigs Training trägt zu e besser körperliche und geistige G'sundheit bi.

L'exercice régulier contribue à une meilleure santé physique et mentale.

E ausgeglichni Diät isch wesentlich für optimale Ernährig und G'sundheit.

Une alimentation équilibrée est essentielle pour une nutrition et une santé optimales.

Genügend trinke isch sehr wichtig.

Il est très important de rester hydraté.

Stressmanagement mit Entspannigsmethoden het e positive Wirkig uf d'geischtige G'sundheit.

La gestion du stress par des techniques de relaxation a un effet positif sur la santé mentale.

Regelmässigi medizinischi Kontrolläge träg zue em Überwache vo dr G'sundheit bi.

Prévoyez des examens médicaux réguliers pour surveiller votre état de santé.

Hoher Blutdruck cha zu ernste G'sundheitsprobleme führe.

L'hypertension artérielle peut entraîner de graves problèmes de santé.

Hoher Blutdruck isch e häufigi Zuestand, wo Veränderige im Läbesstil und Medikament erfordert.

L'hypertension artérielle est une affection courante qui nécessite des changements de mode de vie et des médicaments.

Überwachig vo Cholesterinwerte isch wichtig für s'Härz.

Le contrôle du taux de cholestérol est important pour le cœur.

Richtige Behandlig vo Diabetes involviert e Kombination vo Medikament und Veränderige im Läbesstil.

Une bonne gestion du diabète implique une combinaison de médicaments et de changements de mode de vie.

Jährlichi Grippeimpfig isch für die mit Risiko empfohle.

La vaccination annuelle contre la grippe est recommandée pour les personnes à risque.

Priorität für geischtigi G'sundheit isch sehr wichtig.

Il est très important de donner la priorité à la santé mentale.

Acht ufgschaltet si uf irgendwelchi ungewöhnlichi Symptome und en Arzt konsultiere.

Soyez attentif à tout symptôme inhabituel et consultez un professionnel de la santé.

97. Médecins

Ich gah zu minem Hausarzt für regelmässigi Kontrolläge und allgemeini G'sundheitsanligge.

Je consulte mon médecin de famille pour des examens réguliers et des problèmes de santé généraux.

Ich gah zu ere Kardiologin für mini Herzkrankheit.

Je consulte un cardiologue pour mes problèmes cardiaques.

Dr Dermatolog het mir e Creme für mini Rötige empfohle.

Le dermatologue m'a recommandé une crème pour mon éruption cutanée.

Dr Augearzt untersuecht mini Augä und verschreibt mir Brüll.

L'ophtalmologue examine mes yeux et me prescrit des lunettes.

Dr Orthopäde het mini bräche Bei gstellt.

L'orthopédiste a remis en place ma jambe cassée.

Mini Gynäkologin hilft mir bi miner Schwangerschaft.

Mon gynécologue m'aide à mener à bien ma grossesse.

Mini Neurologin het mini Migreäne diagnostiziert und Medikament verschriebe.

Mon neurologue a diagnostiqué mes migraines et m'a prescrit des médicaments.

Mini Psychiaterin hilft mir mit Stress und Ängscht umzgoh.

Mon psychiatre m'aide à gérer le stress et l'anxiété.

Dr Gastroenterolog behandle mini Verdauigsprobleme.

Le gastro-entérologue traite mes problèmes digestifs.

Mini Urologin behandle mini Nierenstöne.

Mon urologue traite mes calculs rénaux.

Dr Rheumatolog hilft mir bi dr Bewältigung vo minere Arthritis.

Le rhumatologue m'aide à gérer mon arthrite.

Dr Pneumolog behandle mini Asthma.

Le pneumologue traite mon asthme.

Dr Nephrolog überwacht mini Nierenfunktion.

Le néphrologue surveille ma fonction rénale.

Dr Hämatolog überblickt mini Blutkrankheit.

L'hématologue supervise le traitement de mes troubles sanguins.

Dr Allergolog hilft mir bi dr Bewältigung vo mine saisonale Allergie.

L'allergologue m'aide à gérer mes allergies saisonnières.

98. Unités de mesure

Mini Wohig vo mir isch 300 Quadratmeter.

Mon appartement fait 300 mètres carrés.

Si Hus isch 120 Quadratmeter.

Sa maison fait 120 mètres carrés.

Es Sack Riis wiegt es Kilo.

Un sac de riz pèse un kilogramme.

Es het mich es Stund und es hali brucht, um d'Ufgab z'bewältige.

Il m'a fallu une heure et demie pour accomplir cette tâche.

Dr Stoppuhr het e Zit vo drissig Sekunde ufzeichnet.

Le chronomètre a enregistré un temps de trente secondes.

Wasser gfror bi 0 Grad Celsius, was 273.15 Kelvin entspricht.

L'eau gèle à 0 degré Celsius, soit 273,15 Kelvin.

In Chicago isch d'Temperatur 30 Grad Fahrenheit gsi, was sehr chalt isch.

À Chicago, la température était de 30 degrés Fahrenheit, ce qui est très froid.

Es chliins Büroklammer wiegt so öppis wie e Gramm.

Un petit trombone pèse environ un gramme.

Es Fläschli enthält es Liter Söili.

Une bouteille contient un litre de soda.

Die Glüehlampi bruucht 60 Watt.

Cette ampoule consomme 60 watts.

Mis TV-Schirmli isch 32 Zoll.

Mon écran de télévision mesure 32 pouces.

Ich ha es Pfund Banane kauft.

J'ai acheté une livre de bananes.

Es Meter entspricht 100 Zentimeter.

Un mètre correspond à 100 centimètres.

Ich bin 60 Meile pro Stund gfahre.

J'ai roulé à 60 miles à l'heure.

Mis Auto beschleunigt uf 100 Kilometer pro Stund in 10 Sekunde.

Ma voiture accélère à 100 km/h en 10 secondes.

99. Conjonctions de phrases

Ich mag sowohl Schoggieis als au Vanilleeis.

J'aime les glaces au chocolat et à la vanille.

Si het gärn uf d'Party wölle, aber si het ihri Homework mache müesse.

Elle voulait aller à la fête, mais elle devait faire ses devoirs.

Du chasch Tee oder Kaffi ha.

Vous pouvez prendre du thé ou du café.

Es regnet, also söll mer eschirm mitnäh.

Il pleut, nous devrions apporter des parapluies.

Weder d'Chatz no de Hund wötde bim Räge use.

Ni le chat ni le chien ne voulaient sortir sous la pluie.

Mer gönd no en Spaziergang nachem Znacht.

Nous irons nous promener après le dîner.

Obwohl si sich entschuldigt het, isch es ihm schwär gfalle, ihr z'verge.

Même si elle s'est excusée, il a eu du mal à lui pardonner.

Si isch drinne blibe, wil's drausse z'heiss isch.

Elle est restée à l'intérieur parce qu'il faisait trop chaud dehors.

Mach dis Homework fertig, bevor du use goh Fußball spiele.

Finissez vos devoirs avant d'aller jouer au football.

Ich ruf di ah, wenn ich am Flughafe acho.

Je vous appellerai quand je serai à l'aéroport.

Si cha singe und tanzä zur gleiche Ziit.

Elle peut chanter et danser en même temps.

Si isch so groß wie ihr Brüeder.

Elle est aussi grande que son frère.

Du wirsch d'Prüefig nöd bestah, wenn du nöd lernsch.

Vous ne réussirez pas l'examen si vous n'étudiez pas.

Wart do, bis ich zrugg chume.

Attendez ici jusqu'à ce que je revienne.

Ich weiss nöd, ob ich en Chleid oder Hoser ahzih.

Je ne sais pas si je dois porter une robe ou un pantalon.

100. Formuler des hypothèses

Wenn du Wasser uf 100 Grad Celsius erhitzisch, wird's choche.

Si vous chauffez de l'eau à 100 degrés Celsius, elle va bouillir.

Wenn's morn regnet, bleib mer drinne.

S'il pleut demain, nous resterons à l'intérieur.

Wenn ich im Lotto gwünne, reis ich um d'Wält.

Si je gagne à la loterie, je ferai le tour du monde.

Wenn ich här glerned het, würdi d'Prüefig bstah.

Si j'avais étudié davantage, j'aurais réussi l'examen.

Wenn du d'Buus nöd verpasst hättisch, wärsch jetzt nöd z'tüü.

Si vous n'aviez pas manqué le bus, vous ne seriez pas en retard maintenant.

Eis schmilzt, wenn d'Temperatur überm Gfrierpunkt steigt.

La glace fond lorsque la température dépasse le point de congélation.

Wenn si ihri Arbeit rechtzeitig fertig macht, cha si sich üs zum Zmittag ahgselle.

Si elle termine son travail à temps, elle pourra se joindre à nous pour le déjeuner.

Wenn ich du wär, würdi mich für dä Job bewerbe.

Si j'étais vous, je postulerais pour ce poste.

Wenn mer vo em Verkehr gwüsst hät, hätti das Rüüt nöd gno.

Si nous avions su qu'il y avait du trafic, nous n'aurions pas pris cette route.

Wenn du's früener gwüsst hättsch, hätti dir helfe könne.

Si vous l'aviez su plus tôt, j'aurais pu vous aider.

Wenn du Rot und Blau magsch, chunsch Lila.

Si vous mélangez du rouge et du bleu, vous obtenez du violet.

Wenn er's Interview besteht, wird er de Job bechöme.

S'il réussit l'entretien, il obtiendra le poste.

Wenn er mich yläd, chume.

S'il m'invite, je viendrai.

Wenn ich gwüsst hät, dass es dis Geburtstag isch, hätti dir es Gschenk kauft.

Si j'avais su que c'était votre anniversaire, je vous aurais acheté un cadeau.

Wenn ich's Rezept gha hät, hätti de leckeri Chueche mache könne.

Si j'avais eu la recette, j'aurais pu faire ce délicieux gâteau.

101. Autres mots et expressions utiles

Es isch mir gliich.

Je m'en moque.

Es isch nutzlos. Es dient zu nütze.

Il est inutile. Il ne sert à rien.

Du muesch di nöd drum scheri. Ich kümmer mi drum.

Vous n'avez pas à vous inquiéter. Je m'en occupe.

Mit dr Zyt ha ich mich dranne gwöhnt.

Avec le temps, je m'y suis habitué.

Es isch nöd gross drü.

Ce n'est pas grave.

Ich glaub's nöd, aber ok.

Je n'y crois pas, mais d'accord.

Es isch wirklig cool. Ich mags wirklig.

C'est vraiment cool. Je l'aime beaucoup.

Mit andere Wort, es isch nöd möglich.

En d'autres termes, ce n'est pas possible.

Im Große und Ganze isch das alles.

En somme, c'est tout.

Viel hängt vo siner Entscheidig ab.

Tout dépendra de sa décision.

Es isch z'tüür.

C'est trop cher.

Es isch subjektiv.

C'est subjectif.

Zum Bischpiel, sägemer du hesch 10 Dollar. Wie würsch es usgäh?

Par exemple, supposons que vous disposiez de 10 dollars. Comment les dépenseriez-vous ?

Warum frogisch grad das?

Pourquoi posez-vous cette question ?

Es scheint mir, er lieg falsch.

Il me semble qu'il se trompe.